Grill, L. A., Kgl. Bezirksamtmann.

Leichen- und Begräbnispolizei in Bayern nebst Dienstanweisung für die Leichenschauer mit Formularen und bezugsgesetzlichen Bestimmungen. 2. umgearb. Auflage, 8°. (VIII, 67 S.) 1909. Mk. 1.20

— — Nachträge hierzu (16 S.) 1910. Mk. —.30

Aufhauser, Dr. Gg.

Die Feuerbestattung und das in Bayern geltende öffentliche staatliche und kirchliche Recht. gr. 8°. (VIII, 92 S.) 1912. Mk. 2.70

Englert, Dr. Ferd. v., Präsident der K. Versicherungskammer.

Sammlung von Vorschriften für Standesbeamte im rechtsrhein. Bayern mit den in 4. Aufl. bearbeiteten „Ratschlägen zur Führung der Standesregister". Hoch 4°. (141 S.) 1900. Kart. Mk. 2.20

— — Dasselbe. Ausgabe für die Pfalz. Kart. Mk. 2.50

Sauer Karl, Landgerichtsrat in Würzburg.

Testamente und Erbverträge in Bayern nebst einer kurzen Darstellung des gesetzlichen Erbrechtes, des Pflichtteilsrechtes und Nachlaßverfahrens, sowie einem Anhang, enthaltend Muster für Testamente und Erbverträge. gr. 8°. (XII, 447 S.) 1913. In Ganzl. geb. Mk. 9.80

Frank, A., Amtsrichter in München.

Sammlung der ortspolizeilichen Vorschriften der k. Polizeidirektion München und einiger sonstiger Erlasse strafrechtlichen Inhalts für München. gr. 8°. (XII, 226 S.) Geb. Mk. 4.—

Sammlung von Gesetzen, Verordnungen und Ministerialerlassen strafrechtlichen Inhalts für bayer. Polizeiorgane. Mit systemat. Inhalts-Übersicht und ausf. Sachregister. 2. Aufl. 8°. (418 S.) 1910 Kart. Mk 4.—

Grosch, Dr. A., I. Staatsanwalt.

Strafgesetzbuch für das Deutsche Reich. 8°. (VIII, 243 S.) 2. Aufl. 1912. In Ganzl. geb. Mk. 3.—

Fischer, Dr. Karl, Rechtsrat in Nürnberg.

Die nicht auf den Parteiwillen gegründete Zurechnung fremden Verschuldens nach dem BGB. Eine privatrechl. Studie. gr. 8°. VIII, 104 S. Brosch. Mk. 2.80

Pfordten, Th. von der, I. Staatsanwalt im bayer. Justizministerium.

Der dienstliche Verkehr und die Amtssprache auf der Grundlage der Bekanntmachung der Zivilstaatsministerien vom 28. März 1901 unter besonderer Berücksichtigung des Dienstes bei den Justizbehörden. 2. verbesserte Auflage. 8°. IV, 100 S. 1908. kart. Mk. 1.80

Lindner, F., Stadtsekretär.

Der Gewerbeaufsichtsdienst bei den Ortspolizeibehörden. Handbuch mit Taschenlexikon und auswechselbarer Revisionsübersicht. 2. Aufl. 8°. VI, 165 S., Schreibpap., Uebersicht. 1907. Geb. Mk. 2.50

Harster, Dr. Th., K. Regierungsassessor in München.
Cassimir, Dr. J., K. Oberregierungsrat in München.

Kommentar zum bayerischen Wassergesetz vom 23. März 1907, der VO. vom 1. Dezember 1907 und der VB. vom 3. Dezember 1907. Mit zahlreichen Abbildungen und ausführlichem Register. Lex. 8°. XV, 922 S. In Ganzleinw. geb. Mk. 19.50

Kutzer, Th., Oberbürgermeister der Stadt Fürth i. B.

Das bayerische Heimatrecht mit dem einschlägigen Rechte der Verehelichung und des Aufenthalts, systematisch dargestellt und durch Beispiele erläutert. gr. 8°. 620 S. 1905. In Ganzl. geb. Mk. 10.—.

Müller, Dr. Ernst, OLGRat, M. d. R., u. **Schmid, Dr. Gg.,** Regierungs-Assessor in Stuttgart.

Das Vereinsgesetz vom 19. April 1908 mit den Vollzugsvorschriften der Bundesstaaten. 8°. XII, 399 S. 1909. In Leinen geb. Mk. 7.—

Empfohlen im Amtsblatt der K. Staatsministerien des K. Hauses und des Aeußern und des Innern 1908 S. 628.

Buchert, Karl, Rat d. K. b. Verwaltungsgerichtshofes.

Sammlung in der Praxis oft angewandter Verwaltungsgesetze nebst einer Anzahl derartiger Verordnungen ꝛc. für Bayern. In einem Bande unter Berücksichtigung aller bisherigen Aenderungen nach dem nunmehr gültigen Texte mit Beifügung eines Sachregisters zusammengestellt. 3. vermehrte und ergänzte Auflage. gr. 8°. 1903 S. 1911. In Ganzleinen geb. Mk. 12.50

Das bayerische Feuerbestattungsrecht

auf der Grundlage

der oberpolizeilichen Vorschriften

vom 28. Dezember 1912

erläutert von

Dr. Karl H. Fischer,

Rechtsrat in Nürnberg.

1913.

München und Berlin.

J. Schweitzer Verlag (Arthur Sellier).

Druck: Dr. F. P. Datterer & Cie. (Inh. Arthur Sellier), München-Freising.

Vorwort.

Die oberpolizeilichen Vorschriften vom 28. Dezember 1912 über die Feuerbestattung, die den Abschluß langjähriger Bestrebungen darstellen, regeln für ganz Bayern ein völlig neues Rechtsgebiet. Weite Kreise, nicht nur die mit dem Vollzug befaßten Behörden, haben daran ein großes Interesse und werden eine Zusammenstellung und eingehende Erklärung gern entgegennehmen, zumal trotz der nunmehr erfolgten Regelung eine Reihe von Zweifelsfragen offen geblieben sind.

Das Ziel, das ich mir steckte, ist die Erläuterung des in Bayern geltenden Feuerbestattungsrechts auf der Grundlage der oberpolizeilichen Vorschriften. Hierin liegt ein Doppeltes. Ich will zunächst die vom Ministerium erlassenen Anordnungen erläutern, womit von vornherein gesagt ist, daß ich mich im folgenden auf deren Boden stelle, ohne die Frage zu untersuchen, ob sie im einzelnen zweckmäßig sind oder nicht; daß ich mich auch von jeder parteipolitischen Auseinandersetzung ferngehalten habe, ist selbstverständlich. Ich will auslegen, nicht bekämpfen, was jedoch die wissenschaftlich gebotene Hervorhebung von Unstimmigkeiten innerhalb der Bestimmungen selbst nicht ausschließen kann. Demgemäß müßte ich mich aber auch dagegen verwahren, etwa von Freunden der Feuerbestattung für solche Ergebnisse meiner Untersuchung verantwortlich gemacht zu werden, die ihnen als zu weit gehende Erschwerung der Leicheneinäscherung erscheinen sollten. Doch sind die ministeriellen Vorschriften nur die Grundlage meiner Erläuterungen, die im übrigen das gesamte öffentliche, Straf- und Zivil-Recht berücksichtigen, soweit es für die Verbrennung von Leichen in Betracht kommt.

Dasjenige außerbayerische deutsche Feuerbestattungsrecht, das nicht bloß örtliche Geltung besitzt, habe ich in ziemlich weitem Umfang bei der Bearbeitung verwertet, ohne darüber deren eigentlichen Zweck aus den Augen zu verlieren. Ich glaube nicht nur, daß hieraus in diesem Fall manche Anregung gewonnen werden kann, sondern ich bin überhaupt der Ansicht, daß das im Interesse der Vorbereitung größerer Gleichheit des bundesstaatlichen Verwaltungsrechts in den Werken über dieses ganz allgemein zur Gewohnheit werden sollte.

Nürnberg, im Januar 1913.

Rechtsrat **Dr. Fischer.**

Inhaltsübersicht.

Seit

A. Textabdruck.

I. Oberpolizeiliche Vorschriften über die Feuerbestattung.

Vom 28. Dezember 1912.

(Gesetz- und Verordnungs-Blatt 1912 S. 1297).

K. Staatsministerium des Innern.

Das K. Staatsministerium des Innern erläßt auf Grund des Art. 61 Abs. I Ziff. 3 des Polizeistrafgesetzbuchs für das Königreich Bayern folgende Vorschriften:

§ 1.

Durch die Einführung der Feuerbestattung in einer Gemeinde darf die Möglichkeit, von der Erdbestattung Gebrauch zu machen, nicht eingeschränkt werden. Die Feuerbestattung darf nur auf gemeindlichen Friedhöfen in Anlagen erfolgen, die von Gemeinden betrieben werden und in der Einrichtung und im Betrieb außer den bau- und feuerpolizeilichen auch den gesundheitspolizeilichen Anforderungen entsprechen. Die Anlagen müssen außerdem so eingerichtet und betrieben werden, daß die Asche einer jeden Leiche möglichst rein und vollständig gewonnen und eine Vermengung mit anderen Stoffen oder eine Verwechslung tunlichst vermieden wird. Ob eine Anlage in dieser Richtung genügt und ob sie den gesundheitspolizeilichen Anforderungen entspricht, haben die Regierungen, Kammern des Innern, festzustellen; erst wenn dies festgestellt ist, darf die Anlage in Betrieb genommen werden.

§ 2.

I Eine Leiche darf in einer Anlage nach § 1 erst eingeäschert werden, wenn die Ortspolizeibehörde des Einäscherungsortes, in München der Stadtmagistrat, die Feuerbestattung schriftlich genehmigt hat.

II Die Genehmigung muß versagt werden, wenn nicht folgende Nachweise beigebracht sind:

1. die amtliche Sterbeurkunde,
2. eine amtsärztliche Bescheinigung über die Todesursache,
3. der Nachweis, daß der Verstorbene die Feuerbestattung seiner Leiche angeordnet hat,
4. eine Bescheinigung der Ortspolizeibehörde des Sterbeorts oder des letzten Wohnorts, in München der Polizeidirektion, darüber, daß ihr Umstände, die den Verdacht der Herbeiführung des Todes durch eine strafbare Handlung begründen, nicht bekannt sind; in den Fällen des § 157 Abs. I der Strafprozeßordnung ersetzt die nach Abs. II des § 157 erteilte Genehmigung die Bescheinigung der Ortspolizeibehörde.

§ 3.

I Der Nachweis, daß der Verstorbene die Feuerbestattung angeordnet hat (§ 2 Abs. II Ziff. 3), kann erbracht werden

1. durch eine letztwillige Verfügung des Verstorbenen,
2. durch eine mündliche Erklärung des Verstorbenen, die von einer zur Führung eines öffentlichen Siegels berechtigten Person als in ihrer Gegenwart abgegeben beurkundet ist.

II Die Anordnung ist nur wirksam, wenn der Verstorbene sie nach vollendetem 16. Lebensjahre getroffen hat; sie kann nicht durch einen Vertreter getroffen werden; stand jedoch der Verstorbene unter elterlicher Gewalt und hatte er nicht das 16. Lebensjahr vollendet, so tritt der Antrag des Inhabers der elterlichen Gewalt an die Stelle der Anordnung.

§ 4.

Die Aschenreste einer eingeäscherten Leiche müssen in einem besonderen, amtlich zu verschließenden Behälter entweder auf einem öffentlichen Friedhof oder in einer sonstigen nach Art. 61 Abs. I Ziff. 2 des Polizeistrafgesetzbuches zugelassenen Bestattungsanlage beigesetzt werden.

§ 5.

Die Vorschriften über die Beförderung von Leichen und über die Behandlung von Leichen der an ansteckenden Krankheiten verstorbenen Personen bleiben unberührt. Die Vorschriften über die Leichenschau und die Zeit der Beerdigung finden auf Leichen, die der Feuerbestattung zugeführt werden, entsprechende Anwendung, doch ersetzt die nach § 2 Abs. II Ziff. 2 vorzunehmende amtsärztliche Untersuchung die zweite Leichenschau.

§ 6.

Die Vorschriften treten am fünfzehnten Tage nach der Veröffentlichung im Gesetz- und Verordnungsblatte in Kraft.

München, den 28. Dezember 1912.

Dr. Frhr. v. Soden-Fraunhofen.

II. Bekanntmachung des K. Staatsministeriums des Innern über die Feuerbestattung.[1]

Vom 28. Dezember 1912.

(Gesetz- und Verordnungs-Blatt 1912 S. 1299).

Zum Vollzuge der oberpolizeilichen Vorschriften über die Feuerbestattung vom 28. Dezember 1912 GVBl. S. 1297 erläßt das K. Staatsministerium des Innern folgende Bekanntmachung:

I.

Der § 1 bezeichnet die Voraussetzungen, unter denen die Feuerbestattung in einer Gemeinde eingeführt werden kann, und die Anforderungen, denen die Anlage entsprechen muß. Zu § 1.

[1]) Im folgenden als „Vollzugsbekanntmachung" angeführt.

1. Die Feuerbestattung ist nur zulässig neben der Erdbestattung, es muß also dafür gesorgt sein, daß die Beerdigung Verstorbener dauernd stattfinden kann. Mit dieser Vorschrift wäre es nicht vereinbar, wenn die Erdbestattung gegenüber der Feuerbestattung erschwert würde.

2. Die Feuerbestattung darf nur in Anlagen erfolgen, die auf gemeindlichen Friedhöfen stehen, von Gemeinden betrieben werden und den technischen und gesundheitspolizeilichen Anforderungen genügen. Der Betrieb einer Feuerbestattungsanlage durch einen Verein ist hienach unzulässig. Die Zuständigkeit zur Prüfung der Anlage in bau- und feuerpolizeilicher Hinsicht bemißt sich nach den allgemeinen Vorschriften. Die Feststellung, ob die Anlage in der Einrichtung und im Betriebe den gesundheitspolizeilichen Anforderungen genügt und ob sie geeignet ist, eine möglichst reine und vollständige Gewinnung der Aschenreste zu gewährleisten sowie eine Vermengung mit anderen Stoffen und eine Verwechslung zu verhüten, obliegt der Regierung, Kammer des Innern. Da diese Eignung eine besondere Herstellung der Anlage, namentlich der Feuerräume erfordert und hienach auch für die bau- und feuerpolizeiliche Würdigung in Betracht kommt und da im übrigen die Prüfung in bau-, feuer- und gesundheitspolizeilicher Hinsicht zum Teil von den gleichen Gesichtspunkten auszugehen hat, so empfiehlt es sich, die Pläne und die Betriebsordnung der Anlage vor der Bescheidung der Verhandlungen in bau- und feuerpolizeilicher Hinsicht der Regierung, Kammer des Innern, zur bezeichneten Feststellung vorzulegen.

3. Die Regierung, Kammer des Innern, wird sich bei der Prüfung der Pläne und der Betriebsordnung der zuständigen technischen Beamten, unter Umständen auch noch anderer Sachverständiger, bedienen. Im allgemeinen hat sie bei der Prüfung nachstehende Gesichtspunkte zu beachten und die etwa erforderlichen Änderungen und Ergänzungen der Anlagen und ihrer Betriebsordnungen zu veranlassen.

Über die zur Einäscherung kommenden Leichen ist ein Verzeichnis zu führen. In dieses sind unter fortlaufenden Nummern Vor- und Zuname, Stand, Geburtstag, Geburtsort, Todestag, Todesort, letzter Wohnort des Verstorbenen, dann der Tag der Einäscherung und der Aufbewahrungsort der Aschenreste einzutragen.

Die Nummer, die die Leiche in diesem Verzeichnisse trägt, ist auf einem nicht zerstörbaren Schild aus feuerfestem Ton einzuschlagen. Der Schild muß an dem Sarge, in dem die Leiche während der Einäscherung liegt, angebracht werden.

Die Einäscherung darf nicht unmittelbar durch Brennstoffe, sondern nur durch Zuführung heißer Luft in besonderen, von dem Feuerraume getrennten Kammern bewirkt werden.

In jeder Einäscherungskammer darf jeweilig nur eine Leiche eingeäschert werden; die Einäscherung muß eine vollkommene sein und muß in ununterbrochener Folge vor sich gehen.

Die Särge, in denen die Leichen eingeäschert werden, müssen aus dünnem, weichem Holz oder aus Zinkblech bestehen, dürfen weder ausgepicht, noch angestrichen oder lackiert sein, auch keine Eisen- oder Bronzeteile, weder zur Verbindung noch zur Verzierung, enthalten. Die Fugen sind mit Schellack, Leim oder ähnlichen Stoffen oder mit Kitt zu schließen. Die Leichen in den Särgen dürfen nur auf Säge- oder Hobelspänen oder auf Holzwolle gebettet und nur mit naturfarbenen Leinen- oder Baumwollstoffen bekleidet sein. Etwaige Kissen müssen mit gleichen Stoffen bezogen sein und dürfen nur mit Hobelspänen oder Holzwolle gefüllt sein.[1])

Die Aschenreste sind mit besonderen, nur für diesen Zweck bestimmten und zu verwendenden Geräten aus der Einäscherungskammer zu entfernen und nach der Abkühlung mit dem Tonschilde in einen widerstandsfähigen, luft- und wasserdichten Metallbehälter zu sammeln. Der Deckel des Behälters muß in den unteren Teil dicht schließend eingreifen. Die Trennfuge ist nach der Schließung des Deckels zu verlöten

---

[1]) Dagegen bestimmen die oberpolizeilichen Vorschriften, die Beförderung von Leichen betr., (s. Erläuterungen § 5 Anm. I 1b) über die Einsargung folgendes:

§ 3. Die Leiche muß in einem hinlänglich widerstandsfähigen Metallsarge luftdicht eingeschlossen und letzterer von einer hölzernen Umhüllung dergestallt umgeben sein, daß jede Verschiebung des Sarges innerhalb der Umhüllung verhindert wird.

Erfolgt der Leichentransport nicht mittels Eisenbahn und nur auf geringe Entfernung, so kann die Distriktspolizeibehörde den Transport in einem einfachen Sarge von hartem Holze mit gut ausgepichten Fugen, oder auch, wenn die Leiche unmittelbar zum Friedhofe des Bestimmungsortes verbracht wird, in einem an den Fugen gut verpichten Sarge von weichem Holze gestatten.

§ 4. Der Boden des Sarges muß mit einer mindestens 5 cm hohen Schicht von Sägemehl, Holzkohlenpulver, Torfmull oder dergleichen bedeckt, und es muß diese Schicht mit fünfprozentiger Karbolsäurelösung [ein Teil sogenannter verflüssigter Karbolsäure (Acidum carbolicum liquefactum) ist in 18 Teilen Wasser unter häufigem Umrühren zu lösen] reichlich besprengt sein.

und mit dem amtlichen Siegel der Gemeinde zu versehen. Auf dem Behältnisse oder dem Deckel oder einem aufzulötenden Kupferschild ist in haltbarer Weise (durch Einschlagen, Einätzen u. dgl.) mit deutlicher Schrift anzubringen: die mit dem Verzeichnis und dem Tonschilde in der Asche übereinstimmende Einäscherungsnummer, dann Vor- und Zuname, Stand, Ort, Tag und Jahr der Geburt, Tag und Jahr des Todes des Verstorbenen und Tag der Einäscherung seiner Leiche.

Bei der Prüfung der gesundheitlichen Seite ist vor allem darauf zu sehen, daß für die Aufbewahrung der einzuäschernden Leichen auf dem Friedhof, dann für eine etwa notwendig werdende Leichenöffnung und für die Leichen von Personen, die an einer übertragbaren Krankheit verstorben sind, gesonderte, nach Größe und Belichtung geeignete Räume mit entsprechenden Vorrichtungen für Lüftung und für Abführung von Ausscheidungen bereitgestellt werden. Soweit solche Räume für die der Erde zu übergebenden Leichen zur Verfügung stehen und auch für einzuäschernde Leichen benützt werden können, hat es hiebei sein Bewenden. Bei der gesundheitlichen Würdigung ist auch eine etwaige Einwirkung der Anlage und ihres Betriebes auf die Nachbarschaft in Betracht zu ziehen. Durch Ausschluß von Brennstoffen, die Ruß und Rauch entwickeln, und durch Aufführung eines genügend hohen Schornsteins wird eine belästigende und unter Umständen gesundheitsgefährliche Einwirkung auf die Nachbarschaft verhütet werden können.

4. Soweit eine Gemeinde zur Ausführung einer Feuerbestattungsanlage Schulden aufnehmen muß, kann auch eine Genehmigung der Gemeindeaufsichtsbehörde in Frage kommen.

5. Es wird erwartet, daß die Gemeinden Feuerbestattungsanlagen in einer dem Zweck entsprechenden Würde ausgestalten und insbesondere auch Räume für die Abhaltung von Trauerfeierlichkeiten bereitstellen.

II.

Zu § 2 und § 3. Der § 2 stellt die Voraussetzungen auf, durch die die Einäscherung im Einzelfalle bedingt ist. Die Ortspolizeibehörde, in München der Stadtmagistrat, darf die Genehmigung zur Feuerbestattung erst dann erteilen, wenn ihm die Nachweise in § 2 Abs. II Ziff. 1—4 vorliegen. Im Falle des § 157 Abs. I der Strafprozeßordnung[1]) muß außerdem die schriftliche Genehmigung der Staatsanwaltschaft oder des Amtsrichters erteilt sein. Diese Genehmigung ersetzt zugleich die Bescheinigung der Ortspolizeibehörde nach § 2 Abs. II Ziff. 4, die mit dem dort vorgeschriebenen Inhalte in dem Falle, daß der Tod durch eine strafbare Handlung herbeigeführt worden ist, nicht ausgestellt werden könnte.

Die Ortspolizeibehörden haben ein fortlaufendes Verzeichnis über die von ihnen erteilten Genehmigungen zur Einäscherung zu führen. Das Verzeichnis hat die gleichen Angaben zu enthalten wie das Verzeichnis über die ausgeführten Einäscherungen. Beide Verzeichnisse sind zur Prüfung der Richtigkeit von Zeit zu Zeit zu vergleichen.

Zu den einzelnen Ziffern des § 2 Abs. II und zu § 3 wird bemerkt:

1. Die amtliche Sterbeurkunde besteht für die im Reichsgebiete verstorbenen Personen in einem beglaubigten Auszuge aus dem Sterberegister.

2. Zuständig zur Ausstellung der amtsärztlichen Bescheinigung über die Todesursache ist der Landgerichtsarzt des Sterbeortes, wenn er in diesem Orte seinen Dienstsitz hat, außerdem der Bezirksarzt, in dessen Dienstbezirk der Sterbeort liegt. Doch darf die Bescheinigung auf Ansuchen auch von dem für den Ort der Einäscherungsstätte zuständigen Amtsarzt (dem Landgerichtsarzt oder dem Bezirksarzt, wenn sich am Orte der Einäscherungsstätte nicht der Dienstsitz eines Landgerichtsarztes befindet) ausgestellt werden.

Die amtsärztliche Bescheinigung ist auf Grund einer Besichtigung der Leiche auszustellen. Bei der Besichtigung der Leiche und bei der Ausstellung der Bescheinigung ist nach der in der Anlage abgedruckten Anweisung zu verfahren. Ist der Verstorbene in einer dem Tode unmittelbar vorhergegangenen Krankheit ärztlich behandelt worden, so ist dem behandelnden Arzte Gelegenheit zu geben, der Leichenschau und einer etwaigen Leichenöffnung beizuwohnen. Ist der zuständige Amtsarzt zugleich der behandelnde Arzt, so ist die Bescheinigung auf Ersuchen von einem anderen Amtsarzte auszustellen.

Die Vergütung für die Leichenbesichtigung, für die etwaige Leichenöffnung und für die Ausstellung der Bescheinigung

---

[1]) Abgedruckt in Abschnitt C (Erläuterungen) § 2 Anm. 5 III d.

bemißt sich nach der Gebührenordnung für amtsärztliche Dienstleistungen bei Behörden vom 17. November 1902 GVBl. S. 720.[1])

3. Der Nachweis, daß die Feuerbestattung von dem Berechtigten angeordnet worden ist, kann durch eine letztwillige Verfügung oder durch eine mündliche Erklärung erbracht werden, die von einer zur Führung eines öffentlichen Siegels berechtigten Person — z. B. von dem Bürgermeister — als in ihrer Gegenwart abgegeben beurkundet worden ist. Die Form der letztwilligen Verfügung bestimmt sich nach den Vorschriften des BGB. (s. insbes. §§ 2231 ff.), ebenso bemißt sich die elterliche Gewalt nach den Vorschriften des BGB. (s. §§ 1626—1704).[2])

4. Die Bescheinigung der Ortspolizeibehörde, daß ihr Umstände, die den Verdacht der Herbeiführung des Todes durch eine strafbare Handlung begründen, nicht bekannt sind, muß bei Todesfällen auf Reisen von der Ortspolizeibehörde des Sterbeorts und je nach den Umständen des Falles auch von der Ortspolizeibehörde des letzten Wohnortes ausgestellt sein. Bei Todesfällen auf hoher See muß die Bescheinigung vom Schiffsführer oder dessen Vertreter oder von der Polizeibehörde des Eingangshafens, bei Todesfällen auf Schiffen und Flößen der Binnenschiffahrt von der Polizeibehörde der nächsten Anlandestelle ausgestellt sein. In München ist die Bescheinigung von der K. Polizeidirektion auszustellen.

III.

Zu § 4. Die Vorschriften des § 4 sollen verhindern, daß über die Aschenreste in einer Weise verfügt wird, die der Pietät widerspricht oder eine Nachprüfung im Interesse der Strafrechtspflege vereiteln kann.

1. Die Aschenreste dürfen den Angehörigen nur zum Zwecke der Beisetzung in einem öffentlichen Friedhofe oder in einer sonstigen nach Art. 61 Abs. I Ziff. 2 des PolStGB.[1]) zugelassenen Anlage ausgehändigt werden. Vor der Aushändigung muß hierüber ein glaubhafter Nachweis erbracht werden; gegebenenfalls sind die Reste von der Verwaltung

[1]) Über den in Betracht kommenden Teil dieser Gebührenordnung s. Abschnitt C (Erläuterungen) § 2 Anm. 5 III b.

[2]) Der Inhalt dieser Vorschriften ist in Abschnitt C § 3 Anm. 2 I, 4 II a und Abschnitt D wiedergegeben.

[3]) Abgedruckt in Abschnitt C (Erläuterungen) § 4 Anm. 1 I c.

der Feuerbestattungsanlage unmittelbar an die Verwaltung der Bestattungsanlage, wo die Beisetzung erfolgen soll, zu übersenden.

Ob und an welchem Platze die Beisetzung von Aschenresten auf einem öffentlichen Friedhofe zulässig ist, bestimmt die Körperschaft, der das Verfügungsrecht über die Friedhofsanlage zusteht.

2. Die amtliche Verschließung des Aschenbehälters soll die Identität der verwahrten Asche auch im Interesse der Strafrechtspflege gewährleisten; sie ist von den Bediensteten der Gemeinde auszuführen, die als Unternehmerin erscheint.

IV.

Die Betriebsordnungen der Gemeinden für Feuerbestattungsanlagen haben mit den oberpolizeilichen Vorschriften und den Vorschriften dieser Bekanntmachung übereinzustimmen. Im übrigen ist es den Gemeinden unbenommen, die Benützung ihrer Feuerbestattungsanlagen von weiteren Bedingungen abhängig zu machen.

München, den 28. Dezember 1912.

Dr. Frhr. v. Soden-Fraunhofen.

Anlage zu Nr. II., 2 der Ministerial-Bekanntmachung vom 28. Dezember 1912 über die Feuerbestattung (GVBl. S. 1299).

Anweisung

über das Verfahren bei der amtsärztlichen Leichenbesichtigung und bei der Ausstellung der amtsärztlichen Bescheinigung für die Feuerbestattung.

I. Allgemeine Bestimmungen.

1. Die amtsärztliche Leichenbesichtigung für die Feuerbestattung hat vornehmlich den Zweck, die Verschleierung einer strafbaren Handlung zu verhüten, mit der der Tod in Zusammenhang steht; bei der Leichenbesichtigung und der Leichenöffnung ist so vorzugehen, wie es dieser Zweck erfordert; dabei finden die Vorschriften für das Verfahren bei der ge-

richtlichen Untersuchung von Leichen — Beilage zu Nr. 14 des MABl. 1908 — in Abschnitt II entsprechende Anwendung. Die Leichenbesichtigung soll möglichst bald nach dem Tode, aber nicht vor der ersten allgemeinen Leichenschau vorgenommen werden.

2. Ergeben sich im Verlaufe der Leichenbesichtigung oder der Leichenöffnung Anhaltspunkte für die Annahme eines nicht natürlichen Todes — s. § 157 der RStO.[1]) —, so ist nach § 9 Abs. II der Oberpolizeilichen Vorschriften über die Leichenschau und die Zeit der Beerdigung vom 20. November 1885[2]) zu verfahren.

3. In allen Fällen, in denen die Staatsanwaltschaft oder der Amtsrichter nach § 157 der RStO.[1]) mit einem Todesfall befaßt worden ist, also auch in den Fällen, in denen die Staatsanwaltschaft oder der Amtsrichter schon auf Grund des Ergebnisses der ersten allgemeinen Leichenschau tätig geworden ist, darf die Leichenbesichtigung und die Leichenöffnung sowie die Ausstellung der Bescheinigung für die Feuerbestattung erst dann erfolgen, wenn die Staatsanwaltschaft oder der Amtsrichter die schriftliche Genehmigung zur Bestattung erteilt hat.

II. Verfahren im einzelnen.

1. Für das Verfahren sind, abgesehen von den Fällen der Nr. I, 2 folgende Fälle zu unterscheiden:

a) Der Tod ist gewaltsam herbeigeführt worden und die Todesursache kann aus den Begleitumständen, unter denen der Tod erfolgt ist, oder aus den äußeren Verletzungen der Leiche ohne weiteres mit Sicherheit festgestellt werden. In diesen Fällen ist die Bescheinigung auf Grund der Leichenbesichtigung nach Erteilung der staatsanwaltschaftlichen oder gerichtlichen Genehmigung auszustellen.

b) Der Verstorbene ist in einer dem Tode unmittelbar vorausgegangenen Krankheit in ärztlicher Behand-

---

[1]) Abgedruckt in Abschnitt C (Erläuterungen) § 2 Anm. 5 III d.

[2]) Diese Bestimmung lautet: „Sind Anhaltspunkte für die Annahme eines nicht natürlichen Todes vorhanden, so hat der Leichenschauer gemäß Art. 43 Abs. 1 des Polizeistrafgesetzbuches unverzüglich Anzeige und Befundbericht an die Ortspolizeibehörde zu erstatten, von welcher nach Maßgabe des § 157 der Reichs-Strafprozeßordnung und nach der Ministerial-Bekanntmachung vom 3. Oktober 1879 (Ministerial-Amtsblatt Seite 537) sofort weitere Einleitung zu treffen ist. Das gleiche Verfahren ist bezüglich aufgefundener Leichen zu beobachten."

lung gestanden oder er hat sonst bei Gesundheitsstörungen regelmäßig den gleichen Arzt zugezogen. In diesen Fällen ist der behandelnde Arzt zur Abgabe einer Äußerung über die Todesursache zu veranlassen. Gelangt der Amtsarzt auf Grund dieses Gutachtens und der eigenen Besichtigung der Leiche zu der Auffassung, daß eine natürliche Todesursache vorliegt, so hat er die Bescheinigung auszustellen.

c) Ein behandelnder Arzt ist nicht vorhanden oder er lehnt die Abgabe eines Gutachtens über die Todesursache ab, oder der Amtsarzt kann aus dem Gutachten und der eigenen Besichtigung der Leiche kein hinlänglich klares Bild darüber gewinnen, ob eine natürliche Todesursache vorliegt. In diesen Fällen ist die Ausstellung der Bescheinigung zunächst zu verweigern und den Bestattungspflichtigen anheimzugeben, eine amtsärztliche Leichenöffnung zu beantragen. Wird der Antrag gestellt, so hat der Amtsarzt die Leichenöffnung vorzunehmen, die etwa veranlaßten wissenschaftlich-technischen Untersuchungen von Leichenteilen herbeizuführen und sodann die Bescheinigung zu erteilen. Hat bereits eine richterliche Leichenöffnung stattgefunden, so ist die Bescheinigung auf Grund der hierüber aufgenommenen Niederschrift nach Besichtigung der Leiche auszustellen.

2. In der Bescheinigung ist die Todesursache soweit möglich festzustellen. Alle Umstände, die den Schluß auf die angegebene Todesursache rechtfertigen, also die Begleitumstände, unter denen der Tod eingetreten ist, die Äußerung des behandelnden Arztes, das Ergebnis der Leichenbesichtigung und der Leichenöffnung sind, soweit sie hiefür in Betracht kommen, in die Bescheinigung aufzunehmen. Ist die Äußerung des behandelnden Arztes schriftlich abgegeben, so ist sie der Bescheinigung als Beilage anzufügen. Die Angaben über die Todesursachen sollen jedenfalls erkennen lassen, ob nach dem Urteile des Amtsarztes eine natürliche Todesursache vorliegt oder nicht. In den Fällen des § 157 der RStO. ist in der Bescheinigung ausdrücklich zu bemerken, daß die Staatsanwaltschaft oder der Amtsrichter die Genehmigung zur Bestattung erteilt hat.

B. Einleitung.

I. Die geschichtliche Entwicklung des bayerischen Feuerbestattungsrechts.

1. Die Entwicklung bis 1910.

Nachdem 1878 in Gotha die erste Einäscherungsstätte Deutschlands eröffnet worden war, begannen auch in Bayern die Bestrebungen nach Einführung der Feuerbestattung kräftiger einzusetzen. Die Feuerbestattungsvereine vermehrten die Zahl ihrer Mitglieder und Anhänger; mit der Zeit traten die beiden größten bayerischen Städte, München und Nürnberg, auf ihre Seite und suchten bei der Staatsregierung um die Erlaubnis zum Betrieb von Krematorien nach.

Daß das Staatsministerium zum erstenmal amtlich Stellung zu der Angelegenheit nahm, dauerte aber bis zum Jahr 1894, das dafür gleich zwei Regierungserklärungen brachte. Am 4. Juni 1894 führte der Ministerpräsident von Crailsheim als Vertreter des Ministers des Innern in der Kammer der Abgeordneten zu einer bereits 1892 eingereichten, vom Stadtmagistrat München befürworteten Eingabe des Münchner Feuerbestattungsvereins aus, daß sich weder in der Reichsgesetzgebung noch in der bayerischen Gesetzgebung eine ausdrückliche Bestimmung über die Feuerbestattung finde, und daß man daher sagen könne, diese sei gesetzlich weder erlaubt noch verboten; ohne Erlaß gewisser polizeilicher Vorschriften wäre sie aber nicht durchführbar; in Betracht hiefür käme nur Art. 61 Abs. 1 Ziff. 3 des Polizeistrafgesetzbuchs, der jedoch wohl nicht anwendbar sei, da der Gesetzgeber bei Gebrauch der Ausdrücke Beerdigung und Begräbnisplatz an die Feuerbestattung nicht gedacht habe; eine sichere Grundlage für die Regelung der Feuerbestattung würde eine Ergänzung des Polizeistrafgesetzbuchs voraussetzen, wofür das Vorliegen eines hinreichenden Bedürfnisses fraglich erscheine (Landtagsverhandlungen 1893/4, StenBer. Bd. 4 S. 606/7).

Die erste Entschließung zu der Frage erging kurz darauf, am 23. Juli 1894, gemeinsam durch die Staatsministerien des Innern und der Justiz; sie faßte die Ansicht der Staatsregierung — über die Darlegungen des Ministerpräsidenten in der Kammer offensichtlich erheblich hinausgehend — dahin zusammen, daß „eine Zulassung der Feuerbestattung in Bayern ohne Ergänzung der einschlägigen Gesetzgebung nicht möglich sei"; zur Beweisführung wurden dabei ausschließlich die vom Ministerpräsidenten vorgetragenen Erwägungen wiedergegeben, obwohl dieser hieraus nicht die gleichen Folgerungen gezogen, sondern im Gegenteil die Leichenverbrennung als nicht verboten (wenn auch nicht als ausdrücklich erlaubt) bezeichnet hatte. Das vorgenannte Gesuch des Münchner Feuerbestattungsvereins wurde damit abgewiesen.

Die Ansicht, die in dieser Entschließung niedergelegt ist, vertrat dann der Staatsminister des Innern von Feilitzsch in der Abgeordnetenkammer zweimal, nämlich in den Sitzungen von 12. Juni 1896 (Verhandlungen 1895/6, StenBer. Bd. 8 S. 985) und vom 4. Juni 1898 (Verhandlungen 1897/8, StenBer. Bd. 12 S. 1081); besonders bemerkenswert war dabei die beide Male mit einem gewissen Nachdruck und einer gewissen Feierlichkeit gemachte Feststellung, daß seine grundlegende Auslegung der Begriffe Beerdigung und Begräbnisplatz von sämtlichen Ministerien geteilt werde.

Hierauf folgten nennenswerte Kundgebungen der Staatsregierung zur Verbrennungsfrage nicht mehr bis 1907. In diesem Jahr erging zunächst am 20. September in der Münchner Krematoriumsangelegenheit eine Entschließung des Staatsministeriums des Innern, „daß auch den Bestrebungen auf Zulassung gemeindlicher Feuerbestattungsanlagen nicht näher getreten werden könne, da eine gesetzliche Grundlage für die erforderliche Regelung in Bayern fehle"; am 18. Oktober desselben Jahres gab in der Abgeordnetenkammer Staatsminister des Innern von Brettreich eine Erklärung ab, welche in der Hauptsache die frühere Begründung des Ministeriums wiederholte (Landtagsverhandlungen 1907/8, StenBer. Bd. 1 S. 265/6).

Wörtlich wiedergegeben sind die angeführten Auslassungen der Staatsregierung zur Feuerbestattungsfrage in meiner Schrift „Die Leichenverbrennung und das bayerische Recht" (Nürnberg und Leipzig 1911) S. 7 ff.

Soweit das Staatsministerium im Verlauf der Jahre zu der behandelten Frage die gleiche Stellung einnahm, war seine Begründung immer die gleiche: die Rücksicht auf die Strafrechtspflege und die Gesundheitspolizei mache eine polizeiliche Regelung der Leichenverbrennung unbedingt nötig; als deren Grundlage finde sich nur Art. 61 Abs. 1 Ziff. 3 des Polizeistrafgesetzbuchs, der bloß von Vorschriften über Zeit, Ort und Art der Beerdigung und vom Begräbnisplatz spreche, worunter die Leichenverbrennung nicht eingereiht werden könne; so wenig wie eine unmittelbare Anwendung dieser Bestimmung sei eine analoge tunlich, da zur Zeit der Erlassung des Polizeistrafgesetzbuchs niemand an die Verbrennung gedacht habe; auch gemeindliche Satzungen vermöchten nicht die Wahrung der in Betracht kommenden Rücksichten in ausreichender Weise sicherzustellen. Hieraus wurde dann der Schluß gezogen, daß die Leichenverbrennung nach dem bestehenden bayerischen Rechte unzulässig sei. Noch kürzer zusammengefaßt lautete demnach die Argumentation so: das Verbot folge daraus, daß das bayerische Recht die Leichenverbrennung nicht regle, solche Regelung aber nicht entbehrt werden könne.

2. Die Entwicklung seit 1910.

Der Fehler, der bisher von den Freunden der Feuerbestattung bei Behandlung der Angelegenheit gemacht worden war, bestand darin, daß sie sich nicht bemühten, über den tatsächlichen Rechtszustand ein selbständiges Urteil zu erlangen, daß sie sich nur immer mit der Bitte um Zulassung der Feuerbestattung an die Staatsregierung wandten, obwohl doch allmählich nicht mehr zweifelhaft sein konnte, daß diese aus eignem Antrieb den einmal eingenommenen Standpunkt nicht verlassen werde. Es war nicht anzunehmen, daß sich auch durch die beharrlichste Wiederholung der Eingaben an Ministerium und Landtag eine Änderung der Verhältnisse werde herbeiführen lassen.

Diesen Zustand der Angelegenheit fand ich vor, als ich mich im Jahr 1910 bei Übernahme des Friedhofreferats des Stadtmagistrats Nürnberg fragen mußte, was zu geschehen habe, um den übereinstimmenden Beschlüssen der beiden Kollegien zum Vollzug zu verhelfen, wonach in die neu zu errichtende Gedächtnishalle auf dem städtischen Westfriedhof eine Einäscherungsstätte eingebaut werden sollte. Daß von einer neuerlichen Eingabe an das Ministerium nichts erhofft werden konnte, war um so klarer, als unmittelbar auf die öffentlich geführten Verhandlungen der Kollegien unterm 5. August 1910 an die Kreisregierung von Mittelfranken eine Entschließung des Staatsministeriums des Innern erging (abgedruckt in meiner vorangeführten Schrift S. 14), worin nicht nur der frühere Standpunkt der Staatsregierung ausdrücklich aufrecht erhalten, sondern auch erklärt wurde, „daß der Betrieb eines Krematoriums nicht gestattet werden könnte"; ja, es war sogar beigefügt, daß er „erforderlichenfalls polizeilich eingestellt werden müßte" und daß es „angezeigt sein werde, den Stadtmagistrat Nürnberg über die Lage nicht im unklaren zu lassen".

Eine eingehende Prüfung brachte mich zu dem Ergebnis, daß der Betrieb der Feuerbestattung nach dem bestehenden bayerischen Recht ohne weiteres zulässig ist und von keiner staatlichen Genehmigung abhängt, sowie daß dasselbe für den Bau einer Einäscherungsstätte gilt, soweit sich nicht etwas anderes durch das gemeindliche Finanzrecht — bei Aufbringung der nötigen Mittel zum Bau durch Anlehen — und das Erfordernis baupolizeilicher und feuerpolizeilicher Erlaubnis ergibt (s. dazu die Erläuterungen zu § 1 der oberpolizeilichen Vorschriften, unten in Abschnitt C Anm. 21).

Ursprünglich war vorgesehen, die Mittel zur Errichtung der Einäscherungsanlage aus dem Anlehen zu entnehmen, was dem üblichen Verfahren entsprach; als aber die Kreisregierung von Mittelfranken die hiefür nach Art. 63 der rechtsrheinischen Gemeindeordnung notwendige Genehmigung verweigerte, beschlossen die städtischen Kollegien, den Betrag von 32000 Mk., der für den Bau der Einäscherungsstätte als solche gebraucht wurde — die Bestreitung der weit größeren Kosten des Baues der Gedächtnishalle selbst aus dem Anlehen hatte die Regierung genehmigt — mit laufenden Mitteln zu decken und demgemäß in den Kämmereivoranschlag des Jahres 1911 unter den Ausgaben für die gemeindlichen Friedhöfe einzusetzen. Die mittelfränkische Kreisregierung beanstandete jedoch die hierüber gefaßten Beschlüsse im Hinblick auf Art. 88 Abs. 7, 157 Abs. 1 Ziff. 1 und 2, Abs. 3 der rechtsrheinischen Gemeindeordnung staatsaufsichtlich mit Entschließungen vom 1. Juli und 14. September 1911; unter Bezugnahme auf die oben geschilderte Stellungnahme des Ministeriums führte sie dabei aus, daß für die Errichtung und den Betrieb eines Krematoriums zurzeit die gesetzliche Unterlage fehle, und daß die Bestrebungen der Stadtgemeinde der staatlichen Ordnung zuwiderliefen, weshalb sie den Betrag von 32000 Mk. aus dem gemeindlichen Voranschlag strich. Hiegegen erhob der Stadtmagistrat Nürnberg Beschwerde an den Verwaltungsgerichtshof auf Grund des Art. 10 Ziff. 2 des Verwaltungsgerichtsgesetzes wegen Verletzung des gemeindlichen Selbstverwaltungsrechts. Durch Entscheidung vom 20. Dezember 1911 (abgedruckt in Regers Entscheidungen der Gerichte und Verwaltungsbehörden Bd. 32 S. 182) hob dieser auch entsprechend dem Beschwerdeantrag die Regierungsentschließung vom 14. September 1911 auf, so daß der Betrag von 32000 Mk. für den bezeichneten Zweck im Voranschlag blieb.

Am gleichen Tag erließ der Verwaltungsgerichtshof in der Münchner Krematoriumsangelegenheit Bescheid (abgedruckt bei Reger Bd. 32 S. 200). Dort war ein schon 1899 im östlichen Friedhof fertiggestellter Verbrennungsofen für Sargbretter, Kränze und sonstigen Friedhofabfall von der Stadtgemeinde 1908 unter gewissen Bedingungen an den Feuerbestattungsverein verpachtet worden. Dieser verlangte, nachdem er auf seine Kosten einen modernen Verbrennungsofen eingebaut hatte, zu dessen Betrieb gewerbepolizeiliche Genehmigung gemäß § 16 der Gewerbeordnung; Lokalbaukommission und Kreisregierung wiesen den Antrag mit Recht (s. dazu § 1 Anm. 21a der oberpolizeilichen Vorschriften) ab, und die bezeichnete Entscheidung des Verwaltungsgerichtshofs verwarf die dagegen eingelegte Beschwerde des Vereins. Hiedurch erwies sich zugleich auf das deutlichste, daß allein der von Nürnberg beschrittene Weg zum Ziel führen konnte, dessen wesentliches Merkmal darin bestand, daß die Gemeinde selbst die Angelegenheit betrieb.

Die städtischen Kollegien von Nürnberg hatten in der Zwischenzeit auf Grund des bezeichneten Bescheids des Verwaltungsgerichtshofs die für 1911 zum Bau der Einäscherungsstätte bewilligten Mittel auf das Jahr 1912 übertragen und außerdem, da die Vollendung der Anlage noch in diesem Jahr zu erwarten war, in den Voranschlag von 1912 für den Betrieb 400 Mk. (unter Annahme des Betriebsbeginns im November) eingesetzt. Darauf eröffnete die Kreisregierung von Mittelfranken, Kammer des Innern, dem Stadtmagistrat Nürnberg mit Entschließung vom 10. Mai 1912, daß der Betrieb der Anlage nicht gestattet werden könne, und mit Entschließung vom 15. Juni 1912, daß zum Betrieb staatsaufsichtliche Genehmigung nach Art. 159 Abs. 1 Ziff. 5 der Gemeindeordnung (s. dazu Anm. 21b zu § 1 der oberpolizeilichen Vorschriften) erforderlich sei. Der Stadtmagistrat erhob gegen die letzte Entschließung wieder Beschwerde an den Verwaltungsgerichtshof gemäß Art. 10 Ziff. 2 des Verwaltungsgerichtsgesetzes, da die staatsaufsichtliche Genehmigung gesetzlich nicht geboten sei und mit dem Verlangen nach solcher das gemeindliche Selbstverwaltungsrecht verletzt werde. Am 23. Oktober 1912 fand die mündliche Verhandlung über die Beschwerde statt; darauf erging am 13. November 1912 der Bescheid des Verwaltungsgerichtshofs (wörtlich abgedruckt mit Ausnahme der Ausführungen des Generalstaatsanwalts in Nr. 591 der Münchner Neuesten Nachrichten vom 19. November 1912, auszugsweise auch in der übrigen Tagespresse), wodurch die angefochtene Regierungsentschließung außer Wirksamkeit gesetzt wurde. In den Entscheidungsgründen sprach der Verwaltungsgerichtshof nicht nur aus, daß staatsaufsichtliche Genehmigung zum Betrieb nicht nötig ist, sondern zugleich, daß „ein Betrieb der Feuerbestattung in Bayern nicht als rechtlich unzulässig erachtet werden kann". Wegen der großen Bedeutung des Erkenntnisses sei daraus der hier in Frage kommende Teil seiner Ausführungen wörtlich wiedergegeben:

„Was die Stellung des Verwaltungsgerichtshofes zu dieser Seite der Angelegenheit [Frage nach der rechtlichen Zulässigkeit des Betriebes einer Einäscherungsstätte] anlangt, so sind bereits in der Verwaltungsgerichtshofentscheidung vom 20. Dezember 1911 Darlegungen hierüber erfolgt. Es wurde darin zugegeben, daß bei Erlaß der auf das Begräbniswesen in Bayern einschlägigen Gesetzesbestimmungen (§ 367 Ziff. 1 und 2 des RStrGB. und Art. 6 des bayer. PolStrGB.) der Gesetzgeber sicherlich nur die Erdbestattung der Leichen im Auge hatte; an die Feuerbestattung, die erst nachher allmählich in Aufnahme gekommen, wurde zweifelsohne damals gar nicht gedacht, da nirgends davon eine Erwähnung gemacht ist.

Wie in der Entscheidung vom 20. Dezember 1911 schon hervorgehoben, führte indes gerade der letztere Umstand in der Gesetzgebung dazu, daß nicht etwa die Erdbestattung ausdrücklich vorgeschrieben und die Feuerbestattung einer Leiche ausgeschlossen wurde; in keinem Gesetze ist bis jetzt ein Verbot der Leichenverbrennung zum Ausdrucke gekommen. Wenn angenommen wird, daß eine polizeiliche Regelung für den Betrieb der Feuerbestattung nicht zu entbehren und eine gesetzliche Unterlage dafür nicht gegeben sei, so kann aus einem etwaigen Mangel der Gesetzgebung — wie schon in der Entscheidung vom 20. Dezember 1911 mit Bezug auf anderweitige neue Erscheinungen und Einrichtungen im öffentlichen Leben angedeutet — nicht eine rechtliche Unzulässigkeit der Feuerbestattung gefolgert werden. Erforderlichenfalls wird es Sache der Gesetzgebung sein, eine allenfallsige Lücke der seitherigen staatlichen Gesetzgebung irgendwie in sachgemäßer Weise zu beheben.

Nach diesen Erwägungen kann ein Betrieb der Feuerbestattung in Bayern nicht als rechtlich unzulässig erachtet werden."

Damit war oberstrichterlich anerkannt, daß der oben (S. 14) bezeichnete Ausgangspunkt der richtige war und die Ansicht des Ministeriums nicht zutraf, die inzwischen der Staatsminister des Innern von Soden in den Sitzungen der Kammer der Abgeordneten vom 27. und 28. Juni 1912 (StenBer. Bd. 3 Nr. 74 und 75) nochmals vertreten hatte. Es war festgestellt, daß der Betrieb einer Einäscherungsanlage in Bayern ohne irgendeine Genehmigung erfolgen konnte. Die Stadtgemeinde Nürnberg befand sich noch nicht in der Lage, die hieraus entspringende Folgerung sofort zu ziehen, da sich die Fertigstellung ihrer Anlage infolge technischer Schwierigkeiten verzögert hatte; dagegen war das der Stadtgemeinde München möglich, die auch sofort ihre vorerwähnte Verbrennungseinrichtung auf dem östlichen Friedhof wieder in städtischen Betrieb übernahm und am 28. November 1912 darin die erste Leicheneinäscherung vornahm, der eine Reihe von weiteren folgten.

Irgendwelche Maßnahmen wurden von der Staatsregierung darauf zunächst nicht getroffen, bis am 30. Dezember 1912 die oberpolizeilichen Vorschriften vom 28. dieses Monats und die Ministerialbekanntmachung vom gleichen Tag über die Feuerbestattung im Gesetz- und Verordnungsblatt verkündet wurden.

II. Die Möglichkeiten der Regelung der Feuerbestattung nach bayerischem Recht.

Über die Frage, auf Grund welcher Bestimmungen die Feuerbestattung nach dem geltenden bayerischen Recht regelbar ist, habe ich mich eingehend in meiner bereits oben genannten Schrift „Die Leichenverbrennung und das bayerische Recht" verbreitet. Hierauf verweise ich mit dem Bemerken, daß nunmehr natürlich auch die neuen oberpolizeilichen Vorschriften beachtet werden müssen, wenn man von der Richtigkeit ihrer Grundlage ausgeht (s. dazu Anm. 1 vor deren § 1). Außerdem nehme ich Bezug auf meine Ausführungen in der Zeitschrift für Rechtspflege in Bayern 1912 S. 15 und 40.

III. Die Grundlagen des außerbayerischen deutschen Feuerbestattungsrechts.

Die Feuerbestattung ist bereits in der Mehrzahl der deutschen Bundesstaaten amtlich zugelassen worden, was in sehr verschiedener Weise geschah. In einem Bundesstaat (Bremen) erachtet man jede über das Reichsrecht hinausgehende Regelung als überflüssig; in einer zweiten Gruppe von Staaten erfolgte die für nötig gehaltene Ordnung des Feuerbestattungsrechts in Ortsstatuten oder ortspolizeilichen Vorschriften der einzelnen Orte, die Einäscherungsstätten anlegten, in einer dritten Gruppe durch eigene Gesetze oder — wie in Bayern — wenigstens durch Vorschriften der Zentralstelle, die für das ganze Land gelten. Zur zweiten Gruppe gehören Baden, Reuß j. L., Sachsen-Koburg-Gotha, Sachsen-Meiningen und Sachsen-Weimar-Eisenach. Die Bundesstaaten der dritten Gruppe sind die folgenden:

Anhalt: Gesetz vom 20. März 1906,
Braunschweig: Gesetz vom 19. Dezember 1910,
Hamburg: Bekanntmachung des Senats vom 14. November 1892,
Hessen: Gesetz vom 19. August 1899,
Lübeck: Verordnung des Senats vom 23. Juni 1909 zur Ausführung des Gesetzes vom gleichen Tag,
Preußen: Gesetz vom 14. September 1911,
Sachsen: Gesetz vom 29. Mai 1906,
Württemberg: Bekanntmachung des Ministeriums des Innern vom 28. November 1904.

Die in Betracht kommenden Vorschriften sind sowohl im 2. Jahrbuch des Verbandes der Feuerbestattungsvereine deutscher Sprache (1912) S. 76 ff., als auch (zum größten Teil) in dem Werk von Beutinger „Handbuch der Feuerbestattung" S. 253 ff. abgedruckt. Im folgenden werden die Bestimmungen der dritten Gruppe berücksichtigt werden (die Verarbeitung auch der Vorschriften mit nur örtlichem Geltungsbereich würde zu weit führen); an Stelle des betreffenden Gesetzes usw. wird immer der Name des Bundesstaates genannt werden, der die Bestimmungen erlassen hat.

C. Erläuterungen.[1])

Oberpolizeiliche Vorschriften vom 28. Dezember 1912 über die Feuerbestattung.

(Gesetz- und Verordnungs-Blatt 1912 S. 1297).

K. Staatsministerium des Innern.

Das K. Staatsministerium des Innern erläßt auf Grund des Art. 61 Abs. I Ziff. 3 des Polizeistrafgesetzbuchs für das Königreich Bayern folgende Vorschriften:

Allgemeines.

1. **Als Grundlage der oberpolizeilichen Vorschriften** bezeichnen diese selbst den Art. 61 Abs. 1 Ziffer 3 des Polizeistrafgesetzbuchs. Der allein in Betracht kommende Teil der genannten Bestimmung lautet folgendermaßen:

> „An Geld bis zu dreißig Talern oder mit Haft bis zu dreißig Tagen wird gestraft: . . . wer . . . den oberpolizeilichen Vorschriften über Zeit, Ort und Art der Beerdigung sowie über die Verbringung von Leichen vom Sterbeort an den außerhalb desselben befindlichen ordnungsmäßigen Begräbnisplatz zuwiderhandelt."

Der übrige Teil der Ziffer 3 scheidet deshalb aus, weil er nur orts- oder distriktspolizeiliche Anordnungen zuläßt und weil das Staatsministerium zwar nach Art. 13 des Polizeistrafgesetzbuchs unter gewissen Bedingungen solche außer Kraft setzen, aber nicht selbst an deren Stelle oberpolizeiliche Vorschriften verkünden kann. Da hier Anordnungen „über die Verbringung von Leichen usw."

[1]) Die Vollzugsbekanntmachung ist bei den betreffenden Bestimmungen der oberpolizeilichen Vorschriften mit erläutert.

nicht getroffen werden, bleibt mithin als Grundlage nur die Ermächtigung zu „oberpolizeilichen Vorschriften über Zeit, Ort und Art der Beerdigung" übrig.

Voraussetzung für die Zulässigkeit des Erlasses ist demnach, daß die Feuerbestattung unter den Begriff der Beerdigung fällt. Der Verwaltungsgerichtshof hat das in der Entscheidung vom 20. Dezember 1911 (s. oben S. 15) mit den sehr bestimmten Worten verneint: „Es kann zweifelsohne unter den Begriff der Beerdigung in den bestehenden Gesetzen die Leichenverbrennung nicht einbezogen werden" und hat dies am 13. November 1912 ebenso bestimmt wiederholt (s. S. 16). Die Staatsregierung stützt sich dagegen nach einer halbamtlichen Mitteilung auf ein Gutachten des Strafsenats des Obersten Landesgerichts, das sie nach der Entscheidung des Verwaltungsgerichtshofs vom 13. November 1912 einholte und das den Erlaß oberpolizeilicher Vorschriften über Zeit, Ort und Art der Feuerbestattung auf Grund der Ziffer 3 für zulässig erklärte. Dieses Gutachten ist bisher nicht veröffentlicht worden, weshalb schon deshalb darauf nicht eingegangen werden kann; außerdem entspricht es der im Vorwort dargelegten Absicht der vorliegenden Darstellung, wenn von einer Stellungnahme gegen ihre Grundlage abgesehen wird. Es genügt die Hervorhebung, daß im Sinn des Art. 61 Abs. 1 Ziffer 3 von den oberpolizeilichen Vorschriften § 1 „Ort und Art" und §§ 2, 3 „Zeit und Art" der Feuerbestattung, ferner § 4 den „Ort" der Beisetzung betreffen.

Die allgemeine Ermächtigung des Ministeriums zum Erlaß oberpolizeilicher Vorschriften in den Fällen, in den sie gesetzlich zugelassen sind, ergibt sich aus Art. 7 des Polizeistrafgesetzbuchs.

2. Strafschutz und vorläufiges Einschreiten.

I. Die zulässige Höchststrafe bei Zuwiderhandlung gegen die oberpolizeilichen Vorschriften, ihre Gültigkeit vorausgesetzt, beträgt — die Geldstrafe umgerechnet auf Grund des Art. 14 § 2 Abs. 2 des Reichsmünzgesetzes vom 9. Juli 1873 (Reichsgesetzblatt S. 233) — 90 Mark oder Haft bis zu 30 Tagen; es liegt somit eine Uebertretung vor (§ 1 Abs. 3 des Reichsstrafgesetzbuchs). Mindestbetrag der Geldstrafe ist eine Mark (§ 27 a. a. O.); der Mindestbetrag der Haftstrafe beträgt einen Tag (§ 18 Abs. 1 a. a. O.). Geld- und Haftstrafe droht das Gesetz wahlweise nebeneinander an; ob die eine oder die andere auszusprechen sei, entscheidet das Gericht unter Berücksichtigung aller Umstände des einzelnen Falles.

Mit Strafe ist nur die Übertretung der oberpolizeilichen Vorschriften bedroht, während die Vollzugsbekanntmachung nebst Anlage des Strafschutzes entbehrt. Denn sie ist eben keine „oberpolizeiliche Vorschrift" im Sinn des Art. 61 des Polizeistrafgesetzbuchs, was im Folgenden noch öfter wird betont werden müssen.

Von den außerbayerischen Staaten haben die folgenden in ihre Feuerbestattungsbestimmungen Strafvorschriften aufgenommen: Anhalt § 10, Braunschweig § 16, Hessen Art. 7, Preußen § 11, Sachsen § 14; hier ist übereinstimmend Geldstrafe bis zu 150 Mk. oder Haft angedroht. Dagegen hat eine ganze Reihe anderer Bundesstaaten überhaupt davon abgesehen, besondere landesrechtliche Strafen zu schaffen; das trifft für Bremen, Hamburg, Lübeck, Reuß j. L., Sachsen-Koburg-Gotha, Sachsen-Meiningen und Sachsen-Weimar zu.

Über den strafrechtlichen Schutz der beigesetzten Aschenüberreste s. Anm. 3 zu § 4 der oberpolizeilichen Vorschriften.

II. Vorläufiges Einschreiten gegen eine Maßnahme, die mit den oberpolizeilichen Vorschriften in Widerspruch steht, ist (unter derselben Voraussetzung wie oben) nach Art. 20 Abs. 1 des Polizeistrafgesetzbuchs zulässig, der lautet: „In Fällen, welche mit Strafe gesetzlich bedroht sind, ist die zuständige Polizeibehörde, vorbehaltlich der späteren Strafverfolgung, soweit nötig, zur vorläufigen Einschreitung befugt." Dabei müssen aber natürlich die übrigen in Betracht kommenden Bestimmungen beachtet werden, insbesondere bei Vorgehen wegen Verfehlung gegen § 1 der oberpolizeilichen Vorschriften die Art. 17 und 20 Abs. 3 des Polizeistrafgesetzbuchs über die Schließung einer Anstalt, als welche die Einäscherungsstätte zweifellos erscheint. Auch ist gerade in diesem Fall Art. 20 Abs. 5 a. a. O. bedeutungsvoll: „War die vorläufig getroffene Maßregel nicht gerechtfertigt, so bleibt dem Freigesprochenen der allenfallsige Anspruch auf Schadensersatz vorbehalten."

3. Geltungsbereich der oberpolizeilichen Vorschriften.

I. Sachlicher Geltungsbereich. Die oberpolizeilichen Vorschriften beziehen sich nur auf die Feuerbestattung; zu deren Begriff gehört die Auflösung einer menschlichen Leiche durch den Verbrennungsvorgang. Keine Feuerbestattung im Sinn der oberpolizeilichen Vorschriften und demgemäß von ihnen völlig frei ist die Verbrennung des Friedhofabfalls (der Sargbretter, welken Kränze usw.) oder eines tierischen Kadavers und die Verbrennung solcher körperlicher Ueberreste eines Menschen, die nach dem Sprachgebrauch nicht mehr als „Leiche" erscheinen, da die auszulegende Anordnung nur eine solche im Auge hat (s. dazu insbesondere die Ausdrucksweise in § 2 Abs. 1, § 4, § 5). Hierunter kann man nur die irdische Hülle des Menschen, soweit sie noch vorhanden ist, unter der Voraussetzung verstehen, daß nicht bereits eine vollständige Beseitigung der Fleischteile eintrat. Mithin finden die oberpolizeilichen

Vorschriften keine Anwendung, wenn amputierte Gliedmaßen eines lebenden Menschen oder Knochenreste einer völlig verwesten Leiche verbrannt werden, mag diese vorher beigesetzt worden sein oder nicht; dagegen greifen sie Platz, wenn aus irgendwelchem Grund, z. B. bei Tod durch Explosion, von der einzuäschernden Leiche nur noch einzelne Gliedmaßen übrig blieben, oder wenn es sich um eine zu anatomischen Studien zerstückelte Leiche handelt. Grenzfälle können dabei freilich vorkommen; doch werden sie sich gemäß den angeführten Grundsätzen, etwa nach Einholung eines amtsärztlichen Gutachtens, immer unschwer lösen lassen. Im Zweifel dürften die Vorschriften über die Feuerbestattung im Rechtssinn anzuwenden sein.

Weitere Unterscheidungen können dagegen nicht gemacht werden, da jeder Anhaltspunkt hiefür fehlt. Insbesondere kommt nichts darauf an, ob gegenüber der Leiche, was man schon manchmal für bedeutungsvoll erklären wollte, noch festgestellt werden kann, unter welchem Namen und in welchen Verhältnissen der Verstorbene gelebt hat; hieraus folgt im Zusammenhang mit § 2, daß eine Leiche, bei welcher das nicht möglich ist, niemals verbrannt werden darf (s. dazu § 2 Anm. 5 I d).

Endlich ist hervorzuheben, daß für die Feuerbestattung einer Leiche, die bereits beerdigt war, aber noch nicht verwest ist, unter dem hier maßgebenden Gesichtspunkt keine Besonderheiten bestehen, daß sie namentlich in Bayern nicht unzulässig ist wie in einigen andern Bundesstaaten (Anhalt § 9, Lübeck § 4, Sachsen § 10; dagegen ist in § 3 Ziffer 5 des Ortsgesetzes vom 27. Juli 1909 für die Stadt Gera — Reuß j. L. — die „nachträgliche Feuerbestattung eines bereits Beerdigten" ausdrücklich vorgesehen). Freilich ist derartiges wegen des in § 2 Abs. 2 Ziffer 3, § 3 vorgeschriebenen Erfordernisses wohl nur ausnahmsweise möglich, nämlich dann, wenn entweder die Anordnung des Verstorbenen verspätet gefunden wird, oder wenn die Behörde die Genehmigung zunächst zu Unrecht verweigerte (s. dazu § 2 Anm. 3 I Abs. 2).

II. Räumlicher Geltungsbereich. Die oberpolizeilichen Vorschriften gelten für jede Einäscherungsstätte, die in Bayern angelegt wird, (§ 1) und für jede darin erfolgende Einäscherung einer Leiche (§§ 2, 3). Demgemäß finden sie auch dann Anwendung, wenn der Verstorbene kein bayerischer Staatsangehöriger war, oder wenn der Tod außerhalb Bayerns eintrat; vgl. dazu auch § 2 Anm. 5 I a. Über das räumliche Geltungsgebiet des § 4 s. Anm. 1 II a zu dieser Bestimmung.

Hierin liegt aber auch zugleich die Begrenzung des Geltungsbereichs. Insbesondere scheiden sie bei Ueberführung einer Leiche aus Bayern zur Verbrennung in einer außerbayerischen Einäscherungsstätte völlig aus, mag auch der Verstorbene ein Bayer gewesen sein; hiefür sind nur die Vorschriften über die Beförderung von Leichen zu beachten (vgl. § 5 Anm. 1 I), so daß auch eine Zuständigkeit des Landgerichtsarzts nicht in Frage kommt. Demnach besteht die Möglichkeit, daß dann, wenn eine der Voraussetzungen des § 2 nicht ganz erfüllt ist, die Feuerbestattung einer in Bayern gestorbenen Person gleichwohl in der Einäscherungsstätte eines Bundesstaats vollzogen wird, der weniger strenge Vorschriften aufgestellt hat. Andere deutsche Staaten (Anhalt § 8, Braunschweig § 13, Hessen Art. 5, Sachsen § 9) verlangen dagegen die Nachweise, die vorgelegt werden müßten, um die Erlaubnis zur Feuerbestattung im Inland zu erwirken, auch in dem Fall, wo eine Leiche zum Zweck der Einäscherung außerhalb des Landes verbracht werden soll, teilweise sogar ausdrückliche Genehmigung der inländischen Behörde.

III. Zeitlicher Geltungsbereich. Hierüber enthalten die oberpolizeilichen Vorschriften insofern eine Bestimmung, als sie in § 6 den Beginn ihrer Wirksamkeit festsetzen. Im übrigen ist auf Anm. 2 zu dieser Vorschrift zu verweisen.

§ 1.

Durch die Einführung der Feuerbestattung in einer Gemeinde darf die Möglichkeit, von der Erdbestattung Gebrauch zu machen, nicht eingeschränkt werden. Die Feuerbestattung darf nur auf gemeindlichen Friedhöfen in Anlagen erfolgen, die von Gemeinden betrieben werden und in der Einrichtung und im Betrieb außer den bau- und feuerpolizeilichen auch den gesundheitspolizeilichen Anforderungen entsprechen. Die Anlagen müssen außerdem so eingerichtet und betrieben werden, daß die Asche einer jeden Leiche möglichst rein und vollständig gewonnen und eine Vermengung mit anderen Stoffen oder eine Verwechslung tunlichst vermieden wird. Ob eine Anlage in dieser Richtung genügt und ob sie den gesundheitspolizeilichen Anforderungen entspricht, haben die Regierungen, Kammern des Innern, festzustellen; erst wenn dies festgestellt ist, darf die Anlage in Betrieb genommen werden.

Voraussetzungen des Betriebs einer Einäscherungsanlage.

Zu vergleichen: Anhalt § 1, Braunschweig §§ 8—11, Hamburg § 10, Hessen Art. 1, Preußen §§ 1—5, Sachsen §§ 1 und 2, Württemberg Ziffer I; bayerische Vollzugsbekanntmachung Ziffer I.

1. Die materiellen Anforderungen an die Einäscherungsanlage (Satz 1 bis 3 des § 1).

I. Die Anforderungen unter dem Gesichtspunkt des Feuerbestattungsrechts.

a. Die Anlage muß sich innerhalb eines gemeindlichen Friedhofs befinden, da nach Satz 2 die Feuerbestattung „nur auf gemeindlichen Friedhöfen erfolgen darf". Das Erfordernis ist ungewöhnlich und bisher von keinem deutschen Bundesstaat aufgestellt worden.

Unter einem gemeindlichen Friedhof ist ein solcher zu verstehen, der als Gemeindeanstalt von einer Gemeinde im Sinn der Gemeindeordnungen betrieben wird, die unter den Obliegenheiten der Gemeinden insbesondere „die Herstellung und Unterhaltung der nötigen Begräbnisplätze" aufzählen (Art. 38 Abs. 1 der rechtsrheinischen und 29 Abs. 1 der pfälzischen Gemeindeordnung); dagegen fallen die im Eigentum von Kirchengemeinden stehenden Friedhöfe nicht darunter. Damit ist aber nicht gesagt, daß in dem Friedhof, in welchem sich die Anlage befindet, auch für eine andere Bestattungsart als die Feuerbestattung (für die Beerdigung oder die oberirdische Beisetzung von Aschenresten) Raum sein muß; es kann vielmehr sowohl ein bisher nur zur Beerdigung dienender Friedhof nunmehr ausschließlich für den genannten Zweck benützt als auch ein neuer Friedhof ausschließlich hiefür angelegt werden. Die in Preußen (§ 3 Abs. 1 Ziffer 4) und Sachsen (§ 2 Abs. 3) bestehende Vorschrift, daß es möglich sein muß, auf dem Grundstück der Einäscherungsstätte die Aschenreste in einer Urnenhalle oder in der Erde beizusetzen, gilt für Bayern nicht; s. dazu auch § 4 Anm. 1 I c Abs. 3.

Im übrigen besteht aber für die Wahl der Lage der Verbrennungsstätte keine Schranke, soweit sie sich nicht etwa aus dem in Buchst. d behandelten Erfordernis ergibt. Insbesondere ist die Nähe einer Kirche kein Hindernis; die gegenteilige Bestimmung, die für das Königreich Sachsen der Entwurf des sächsischen Feuerbestattungsgesetzes treffen wollte, wurde vom Landtag als unbegründet gestrichen.

b. Die Einäscherungsanlage muß „von Gemeinden betrieben werden". Insbesondere ist daher der Betrieb durch einen Verein unzulässig, wie Ziffer I Abs. 2 Satz 2 der Vollzugsbekanntmachung ausdrücklich hervorhebt, und zwar in jeder Form, auch wenn etwa die Gemeinde einen Vertrag mit dem Verein schließen wollte, wodurch ihr die weitestgehenden Aufsichtsbefugnisse gewährt werden; doch sind hiezu auch die Ausführungen in Abs. 4 zu beachten.

Der Begriff der Gemeinde ist wieder derselbe wie oben in a; es kann also weder durch einen Gemeindeverband (s. hierüber meinen Kommentar zur rechtsrheinischen Gemeindeordnung S. 71 ff.) noch durch eine Kirchengemeinde noch durch eine sonstige Körperschaft des öffentlichen Rechts noch für einen ausmärkischen Bezirk eine Einäscherungsstätte errichtet werden. Dagegen fehlt nach der allgemeinen Ausdrucksweise ein Anhaltspunkt dafür, daß die betreibende Gemeinde eine bayerische oder dieselbe sein muß, welcher das Friedhofgelände gehört; es wäre also z. B. zulässig, daß eine österreichische Gemeinde in einer bayerischen Grenzstadt auf deren Friedhof eine Einäscherungsstätte betreibt.

Welches Organ für die Gemeinde bei Einführung der Feuerbestattung zu beschließen hat, bestimmt sich nach den allgemeinen Vorschriften der Gemeindeordnungen. Auch wegen der Art der nötigen Beschlußfassungen besteht keinerlei Besonderheit unter dem Gesichtspunkt des besonderen Feuerbestattungsrechts; namentlich fehlt eine dem § 3 Abs. 1 Ziffer 7 des preußischen Gesetzes entsprechende Bestimmung, daß die hierauf bezüglichen Beschlüsse mit mindestens Zweidrittel-Mehrheit gefaßt sein müssen. Ein rechtlicher Zwang, die Feuerbestattung einzuführen, kann auf die Gemeinde oder die Gemeindeorgane von keiner Seite ausgeübt werden (gemeindliches Selbstverwaltungs- und Selbstbestimmungsrecht!).

Nötig ist nur Betrieb durch die Gemeinde; dagegen braucht diese nicht Eigentümerin der Anlage zu sein. Allerdings wird das regelmäßig deshalb zutreffen, weil die Einrichtung nur auf einem gemeindlichen Friedhof zulässig ist (s. Buchst. a) und ein solcher wohl immer im Eigentum der Gemeinde steht; begriffsmäßig notwendig ist das aber nicht, und es können sich auch in der Praxis auf Grund von Vereinbarungen zwischen einer Gemeinde und einem Feuerbestattungsverein tatsächlich Abweichungen ergeben.

c. Durch die Einführung der Feuerbestattung darf die Möglichkeit, von der Erdbestattung Gebrauch zu machen, nicht eingeschränkt werden. Es wäre also insbesondere die Einführung der zwangsweisen Feuerbestattung unzulässig (vgl. auch Anmerkung 2 I b Abs. 2), an die aber auch bisher niemand gedacht hat. Die Leicheneinäscherung tritt wahlweise zur Beerdigung hinzu, und es wird nur insofern ein Zwang geübt, als nach der Verbrennung der Leiche die Beisetzung in einer obrigkeitlich zugelassenen Bestattungsanlage erfolgen muß (s. dazu § 4).

So wenig wie ein Ausschluß der Erdbestattung wäre deren Erschwerung erlaubt. Das bedeutet jedoch nach der klaren Fassung des § 1 Satz 1 nur, daß eine Einschränkung gegenüber demjenigen Zustand nicht eintreten darf, der vor Einführung der Feuerbestattung in der Gemeinde gegeben war. Es darf also nicht deshalb, weil eine starke Benützung der Einäscherungsstätte und damit eine erhebliche Minderung der Beerdigungen angenommen wird, ein bisher betriebener gemeindlicher Friedhof aufgelassen werden, während die Auflassung aus andern Gründen (wegen

Ueberfüllung, wegen Gefährdung der öffentlichen Gesundheit usw.) natürlich durch die Vorschrift nicht gehindert wird. Dagegen kann nicht bei der Beurteilung, ob eine Einschränkung vorliegt, der jeweilige Stand der Beerdigungsfürsorge mit demjenigen der Feuerbestattungsfürsorge verglichen werden, wenn das auch nach Ziffer I 1 der Vollzugsbekanntmachung die Ansicht des Ministeriums zu sein scheint („mit dieser Vorschrift wäre es unvereinbar, wenn die Erdbestattung gegenüber der Feuerbestattung erschwert würde"); insbesondere liegt keine verbotene Erschwerung vor, wenn die Feuerbestattung billiger vorgenommen wird als die Erdbestattung. Außerdem ist besonderes Gewicht darauf zu legen, daß die Einschränkung, wenn sie unzulässig sein soll, in ursächlichem Zusammenhang mit der Feuerbestattung stehen müßte („durch die Feuerbestattung"); eine Einschränkung, die auf andern Ursachen beruht, wird vorbehaltlich der allgemeinen hiebei in Betracht kommenden Bestimmungen nicht berührt.

Bloß die „Möglichkeit", von der Erdbestattung Gebrauch zu machen, darf nicht eingeschränkt werden; die Regelung des Gebrauchs im einzelnen ist dagegen durch die oberpolizeilichen Vorschriften nicht eingeengt. Es läßt sich unmöglich annehmen, daß irgendeine Erschwerung der Beerdigung, wie sie in der Erhöhung der Beerdigungsgebühren oder in der Verschärfung der Benützungsordnung liegt, gegenüber den Verhältnissen bei Einführung der Feuerbestattung ausgeschlossen sein sollte; das ist schon deshalb klar, weil es sich bei dem Verbot einer solchen Maßnahme nicht mehr um eine Vorschrift über Zeit, Ort und Art der Feuerbestattung, wohl aber um einen gesetzwidrigen Eingriff in das gemeindliche Selbstverwaltungs- und Selbstbestimmungsrecht (Art. 1 der Gemeindeordnungen) handeln würde.

§ 1 Satz 1 enthält nur eine negative Vorschrift, um eine Schädigung der Erdbestattung nach dem Stand auszuschließen, in dem sie sich bei Einführung der Feuerbestattung in der Gemeinde befunden hat, dagegen keine positive, um die Erdbestattung zu sichern. Ich halte es daher für unrichtig, wenn Ziffer I 1 der Vollzugsbekanntmachung gleichwohl eine positive Anordnung mit den Worten herauslesen will: „Die Feuerbestattung ist nur zulässig neben der Erdbestattung, es muß also dafür gesorgt sein, daß die Beerdigung Verstorbener dauernd stattfinden kann" (die letztere Ausdrucksweise ist offenbar aus § 3 Abs. 1 Ziffer 3 des preußischen Feuerbestattungsgesetzes übernommen). Da die Vollzugsvorschriften, obgleich sie ebenfalls vom Ministerium ausgehen, keine neuen Bestimmungen erlassen können, sondern sich im Rahmen der oberpolizeilichen bewegen müssen, wird diese Auslegung nicht giltig sein. Ein materieller Unterschied entsteht dadurch freilich deshalb nicht, weil die Gemeinden ja schon nach Art. 38/29 der Gemeindeordnungen für Herstellung und Unterhaltung der nötigen Begräbnisplätze zu sorgen haben und daher mit Rücksicht auf die wahlweise Natur der Feuerbestattung (s. Abs. 1) tatsächlich zur dauernden Ermöglichung der Erdbestattung verpflichtet sind.

Der ganze § 1 Satz 1 stellt mehr eine programmatische Erklärung dar, die wegen der zuletzt angeführten Bestimmungen selbstverständlich ist und besser ganz weggeblieben wäre.

d. Die Anlage muß außer den allgemeinen Erfordernissen (s. darüber Ziffer II) den gesundheitspolizeilichen Anforderungen entsprechen und in der Einrichtung wie im Betrieb so beschaffen sein, wie das § 1 Satz 3 vorschreibt.

Einzelne Vorschriften hiezu gibt Ziffer I 3 Abs. 4 ff. der Vollzugsbekanntmachungen. Ganz allgemein trifft hiezu auch der folgende Satz aus der preußischen Ausführungsanweisung zum preußischen Feuerbestattungsgesetz zu: „Für alle Zeiten geltende Vorschriften können nicht gegeben werden; die Anforderungen werden sich vielmehr nach dem jeweiligen Stand der Technik und den bei bestehenden Betrieben gemachten Erfahrungen zu richten haben". Nach Ziffer I 3 letzter Absatz der Vollzugsbekanntmachung erscheint, was besonders hervorzuheben ist, als Teil der gesundheitspolizeilichen Anforderungen auch das Verlangen, daß geeignete gesonderte Räume für die Aufbewahrung der einzuäschernden Leichen, für eine etwa notwendig werdende Leichenöffnung und für die Leichen der an übertragbaren Krankheiten gestorbenen Personen vorhanden sind, sowie daß eine etwaige Einwirkung der Anlage und ihres Betriebs auf die Nachbarschaft in Betracht gezogen wird.

e. Dagegen werden unter den Anforderungen an die Einäscherungsanlage die folgenden Voraussetzungen nicht genannt, die das preußische Feuerbestattungsgesetz in seinem § 3 aufstellt: äußere und innere Ausgestaltung mit der dem Zweck entsprechenden Würde — daß die Gemeinden das auch ohne Anordnung tun, versteht sich von selbst, s. übrigens auch Ziffer I 5 der Vollzugsbekanntmachung — und Notwendigkeit der Bereitstellung von geeigneten Räumen und Einrichtungen zur Abhaltung von Trauerfeierlichkeiten (dazu Ziffer I 5 a. a. O.). Weitere Milderungen gegenüber dem Rechtszustand in Preußen wurden schon in Buchstabe a Abs. 2, b Abs. 3 und c Abs. 4 behandelt. Ebensowenig kennt das bayerische Recht Beschränkungen des Grundstücks der Einäscherungsanlage, die gerade durch deren Errichtung darauf entstehen; insbesondere fehlt die Vorschrift von Sachsen § 1 Abs. 5, daß die Veräußerung nur mit Genehmigung des Ministeriums zulässig sei, oder die von Braunschweig § 11, daß das Grundstück gar außer Verkehr trete, seine Veräußerung oder Belastung also verboten wäre (eine Anordnung, die im Hinblick auf das Bürgerliche Gesetzbuch mindestens bedenklich ist).

II. Die Anforderungen außerhalb des Feuerbestattungsrechts. Eine Einäscherungsstätte ist sowohl eine bauliche Anlage im Sinn der Bauordnung vom 17. Februar 1901 (Fassung nach den Kgl. Verordnungen vom 1. Dezember 1902 und 3. August 1910) als auch eine neue Feuerstätte im Sinn des § 368 Ziffer 3 des Reichsstrafgesetzbuchs und des § 7 Ziffer 3 der Bauordnung. Daher sind bei Meidung der gesetzlichen Strafen, worauf auch § 1 Satz 2 der oberpolizeilichen Vorschriften verweist, alle hiefür bestehenden Bestimmungen zu beachten; diese enthält die Bauordnung, und zwar, soweit die feuerpolizeilichen Rücksichten in Betracht kommen, insbesondere in §§ 17 ff., 40 ff.

2. Die formellen Voraussetzungen für den Betrieb einer Einäscherungsanlage.

I. Genehmigung kann unter verschiedenen Gesichtspunkten nötig sein.

a. Polizeiliche Genehmigung ist stets insoweit erforderlich, als der Bereich der Bau- und der Feuerpolizei geht (dazu Anm. 1 II). Zuständig dafür — s. auch Ziffer I 2 Satz 3 der Vollzugsbekanntmachung — sind nach § 65 der Bauordnung die Distriktsverwaltungsbehörden in erster Instanz, die Kreisregierungen, Kammern des Innern, in zweiter und letzter Instanz. Als Distriktsverwaltungsbehörden erscheinen die Magistrate der kreisunmittelbaren Städte (Art. 93 der rechtsrheinischen Gemeindeordnung, Art. 1 des pfälzischen Städteverfassungsgesetzes vom 15. August 1908) und die Bezirksämter; die Zuständigkeit der ersteren erleidet auch dadurch keinen Eintrag, daß die unmittelbare Stadtgemeinde selbst, wie dies meist der Fall sein wird (dazu Anmerkung 1 I b), als antragstellende Unternehmerin auftritt. Bei der Würdigung, die solcher Genehmigung vorausgeht, sind selbstverständlich alle Anforderungen ausgeschlossen, die sich nicht gerade aus den Vorschriften des Bau- und Feuerpolizeirechts ergeben; es wäre unzulässig, bei dieser Gelegenheit irgendeine darüber hinausgehende Bedingung aufzuerlegen, ohne Rücksicht darauf, ob sie im einzelnen Fall zweckmäßig erscheinen könnte oder nicht. Einen gewissen Einfluß haben die Feuerbestattungsvorschriften nur auf das Verfahren bei der bau- und feuerpolizeilichen Genehmigung; s. darüber Ziffer I 2 Satz 5 der Vollzugsbekanntmachung.

Dagegen ist eine gewerbepolizeiliche Genehmigung zum Betrieb einer Einäscherungsanlage nie notwendig. Allerdings kommt der Grund, der in der Entscheidung des bayerischen Verwaltungsgerichtshofs vom 20. Dezember 1911 (Regers Entscheidungen der Gerichte und Verwaltungsbehörden Bd. 32 S. 200) gegenüber einer Beschwerde des Münchner Feuerbestattungsvereins hervorgehoben wurde, hier nicht als durchschlagend in Betracht; dort war ausschließlich darauf Gewicht gelegt, daß der genannte Verein den auf einem Friedhof der Stadtgemeinde München befindlichen Verbrennungsofen nur bedingt gepachtet hatte und über ihn nicht frei verfügen konnte, so daß die Voraussetzungen für einen Gewerbebetrieb des Vereins von vornherein fehlten. Allein das Ergebnis ist aus andern Gründen auch jetzt noch dasselbe wie das, wozu der Verwaltungsgerichtshof damals gelangte. Denn § 16 der Gewerbeordnung, auf den allein die Notwendigkeit einer gewerbepolizeilichen Genehmigung gestützt werden könnte, zählt nach seinem klaren Wortlaut die hierunter fallenden Anlagen nicht beispielsweise, sondern erschöpfend auf; irgend ein Ausdruck, der auf die Einäscherungsstätten auch nur im entferntesten hindeutet, findet sich aber hier nicht (ebenso wird die Anwendbarkeit der Bestimmung auf Krematorien ausdrücklich verneint von Landmann, Kommentar zur Gewerbeordnung 6. Aufl. Band 1 S. 165). Außerdem kann es sich nach der Neuregelung nur noch um gemeindliche Einäscherungsstätten handeln, die von den Städten zweifellos nach den gleichen Grundsätzen betrieben werden, wie auch sonst das Friedhofwesen, also nicht fiskalisch, nicht im Hinblick auf den dadurch zu erzielenden Gewinn, demnach nicht als Gewerbe (vgl. dazu Entscheidung des bayerischen Verwaltungsgerichtshofs vom 1. Februar 1881 in Sammlung Bd. 2 S. 556); § 16 der Gewerbeordnung ist aber nur anwendbar, wenn die Anlage für gewerbliche Zwecke bestimmt ist.

Das Erfordernis leichenpolizeilicher Genehmigung zur Anlegung, Erweiterung und Verlegung von Begräbnisstätten aller Art wird allgemein in der Praxis abgeleitet aus dem § 53 der Allerhöchsten Verordnung vom 17. Dezember 1825, die Formation, den Wirkungskreis und den Geschäftsgang der obersten Verwaltungsstellen in den Kreisen betr. (Regierungsblatt S. 1049, Webers Gesetz- und Verordnungensammlung Bd. 2 S. 279), in der Fassung einer Allerhöchsten Entschließung, die durch Ministerialbekanntmachung vom 10. August 1848, die Geschäftsvereinfachung betr. (Weber Bd. 3 S. 723), bekanntgemacht wurde; danach obliegt den Kreisregierungen, Kammern des Innern, „die oberste Aufsicht auf die Begräbnisstätten und die Sorge für deren zweckmäßige Anlegung und notwendige Erweiterung oder Verlegung". Wenn man von der Ansicht ausgeht, die den oberpolizeilichen Vorschriften zugrunde liegt, daß nämlich die Feuerbestattung nur eine Art der Beerdigung ist (s. Anm. 1 Abs. 3 vor § 1), so wird man wohl auch eine Einäscherungsanlage als Begräbnisstätte aufzufassen haben, so daß an sich die bezeichnete leichenpolizeiliche Genehmigung in Frage kommen könnte. Deren Grundlage ist freilich zum mindesten recht zweifelhaft, da sie sich auf keine gesetzliche Bestimmung zu stützen vermag; die Formationsverordnung, die nach Erlaß der Verfassungsurkunde erging, hat weder Gesetzeskraft, noch wollte sie solche offenbar in Anspruch nehmen, da sie ja nur formelle Zuständigkeitsbestimmungen enthält. Allein darauf, ob die angeführte tatsächliche Handhabung richtig ist, braucht hier nicht eingegangen zu werden; denn die oberpolizeilichen Vorschriften regeln das Feuerbestattungsrecht, soweit es zurzeit überhaupt regelbar ist, völlig erschöpfend. Sie weisen dabei auch den Kreisregierungen, Kammern des Innern, eine besondere Zuständigkeit zu (s. hierüber Ziffer II), die jedoch nicht soweit geht wie die Befugnis zu einer allgemeinen leichenpolizeilichen Genehmigung; es muß als ausgeschlossen gelten, daß die Kreisregierung neben der ihr vorbehaltenen Feststellung, ob die Anlage den gesundheitspolizeilichen Anforderungen usw. entspricht, noch gesondert eine derartige Genehmigung zu erteilen hat, die in der Hauptsache eben doch auch nur diese Anforderungen würdigen könnte. Sollte das Bedenken laut werden, daß durch eine Ministerialvorschrift nicht eine K. Entschließung geändert werden kann, so müßte erwidert werden, daß im Zweifel gegenüber jedem behördlichen Erlaß ordnungsmäßige Entstehung anzunehmen ist, in unserm Fall also Erwirkung der Allerhöchsten Zustimmung durch das Ministerium. Das Ergebnis ist demnach, daß eine eigene begräbnispolizeiliche Genehmigung einer Einäscherungsstätte nicht vorgeschrieben ist.

b. Eine gemeinderechtliche Genehmigung kann nur durch das gemeindliche Finanzrecht begründet werden; sie ist dann nötig, wenn die Gemeinde zur Erbauung der Einäscherungsstätte ein Anlehen aufnehmen will, weil hiezu durch Art. 63 der rechtsrheinischen und 47 der pfälzischen Gemeindeordnung staatsaufsichtliche Genehmigung verlangt wird (s. dazu auch Ziffer I 5 der Vollzugsbekanntmachung). Dabei muß aber mit Entschiedenheit betont werden, daß solche Genehmigung nicht zur Errichtung der Verbrennungsanlage, sondern nur zur Aufbringung der dafür erforderlichen Mittel zu erteilen ist und daher nur aus finanzpolitischen Gründen (insbesondere mit Rücksicht auf die Leistungsfähigkeit der Gemeinde), nicht im Hinblick auf den Zweck der Verwendung des Geldes versagt werden darf. Uebrigens steht es der Gemeinde jederzeit frei, das Erfordernis einer derartigen Erlaubnis dadurch zu umgehen, daß sie laufende (voranschlagsmäßige) Mittel zur Errichtung der Einäscherungsstätte nimmt, was mit gutem Erfolg die Stadtgemeinde Nürnberg getan hat (s. Einleitung S. 14).

Sonst ist dagegen eine gemeinderechtliche Genehmigung nicht erforderlich. Insbesondere trifft nicht Art. 159 Abs. 1

Ziffer 5 der rechtsrheinischen und 91 Ziffer 5 der pfälzischen Gemeindeordnung zu („Gründung von Gemeindeanstalten, aus welchen der Gemeinde eine dauernde Haftungsverbindlichkeit erwächst"), wie der bayerische Verwaltungsgerichtshof in seiner Entscheidung vom 13. November 1912 (s. Seite 15/6) feststellte. Ebensowenig kann Art. 159 Abs. 1 Ziffer 6 der rechtsrheinischen und 91 Ziffer 6 der pfälzischen Gemeindeordnung angewendet werden („Regelung der Gebühren für die Benützung von Gemeindeanstalten, wenn dieselbe den Beteiligten zur Zwangspflicht gemacht ist"), da immer nur die Einführung der wahlweisen Feuerbestattung in Frage steht (dazu Anmerkung 1 I c Abs. 1).

II. Feststellung nach § 1 Satz 4 der oberpolizeilichen Vorschriften durch die Kreisregierung, Kammer des Innern; erst danach darf die Anlage in Betrieb genommen werden.

a. Gegenstand der Feststellung. Diese erstreckt sich nur darauf, ob die Anlage das technische Erfordernis des § 1 Satz 3 der oberpolizeilichen Vorschriften erfüllt, und ob sie im übrigen den gesundheitspolizeilichen Anforderungen (dazu Anm. 1 I d) entspricht; s. auch Ziffer I 2 Satz 4 der Vollzugsbekanntmachung. Alle sonst in Frage kommenden Punkte — insbesondere auch der Inhalt der Betriebsordnung (s. dazu Ziffer III a Abs. 2) — sind dagegen der Zuständigkeit der Kreisregierung und der staatlichen Stellen überhaupt entrückt, soweit nicht die Notwendigkeit der in Ziffer I behandelten Genehmigungen etwas anderes ergibt. Die Vollzugsbekanntmachung (Ziffer I 2 Satz 5) empfiehlt, vor der Bescheidung der Verhandlungen in bau- und feuerpolizeilicher Hinsicht die nach den oberpolizeilichen Vorschriften erforderliche Feststellung einzuholen; soweit dabei auch die Vorlage der Betriebsordnung verlangt wird, ist auf die Ausführungen in Ziffer III zu verweisen.

Bei der Prüfung bedient sich die Regierung der zuständigen technischen Beamten, unter Umständen auch noch anderer Sachverständiger (insbesondere solcher aus dem Heizungsfach); sie hat vor allem die in Ziffer I 3 der Vollzugsbekanntmachung hervorgehobenen Gesichtspunkte zu beachten. Ein Publikationsverfahren von der Art des in § 16 der Gewerbeordnung bestimmten, wie Ziffer II 3 Abs. 3 der preußischen Ausführungsanweisung es anordnet, ist in Bayern nicht vorgesehen.

b. Wesen der Feststellung. Die Form der Feststellung statt der Genehmigung ist sehr ungewöhnlich; um so schärfer muß betont werden, daß beide Begriffe voneinander verschieden sind, zumal der Gegensatz zu § 2 in die Augen fällt.

Das zeigt sich vor allem darin, daß die Genehmigung nach freiem Ermessen erteilt oder versagt zu werden vermag, falls nicht eine besondere Bestimmung anderes vorschreibt; dagegen scheidet gegenüber der Frage, ob ein gewisser Zustand besteht und demgemäß festgestellt werden kann, jedes Ermessen aus. Mithin muß die Feststellung immer erfolgen, wenn ihre Unterlagen gegeben sind; darauf, daß dies geschehe, hat also die Gemeinde einen Rechtsanspruch, falls sie zutreffend behauptet, daß die Voraussetzungen des § 1 Satz 4 vorliegen. Da im Hinblick auf den Schlußsatz dieser Vorschrift die verneinende Feststellung die Benützung der Einäscherungsstätte beeinträchtigt — eines gemeindlichen Eigentums, über das die Gemeinde im übrigen frei verfügen darf —, stellt eine zu unrecht erfolgende Ablehnung der Feststellung einen Eingriff in das Selbstverwaltungsrecht dar, das der Gemeinde nach Art. 1 der Gemeindeordnungen zusteht; es handelt sich dabei auch zweifellos um eine eigentliche Gemeindeangelegenheit, eben um die Benützung des gemeindlichen Eigentums. Ob man unter weiterer Verfolgung dieses Gedankengangs der Gemeinde in dem bezeichneten Fall das Recht der Beschwerde an den Verwaltungsgerichtshof nach Art. 10 Ziffer 2 des Verwaltungsgerichtsgesetzes einräumen will, hängt nur davon ab, ob man die ablehnende Regierungsentschließung als „Verfügung in Gegenständen der Staatsaufsicht" auffaßt. Ich bin dieser Ansicht, da auch die staatliche Aufsicht über Verbrennungsanlagen Staatsaufsicht ist und das Gesetz sich nicht auf die Staatsaufsicht im Sinn der Gemeindeordnungen beschränkt hat; nach bekanntem Rechtsgrundsatz darf daher auch die Auslegung nicht weiter unterscheiden. Allerdings ist der Verwaltungsgerichtshof hier anderer Ansicht; s. z. B. die Entscheidung vom 16. Dezember 1881 in Sammlung Bd. 3 S. 447 (450), ferner Reger-Dyroff, Kommentar zum Verwaltungsgerichtsgesetz 4. Aufl. S. 315. Der Verwaltungsgerichtshof kann jedoch keinesfalls selbst die Feststellung treffen, wenn er der Ansicht ist, daß sie zu Unrecht verweigert wurde, sondern nur die ablehnende Regierungsentschließung außer Wirksamkeit setzen. Immer ist daneben auch die Beschwerde an das Staatsministerium des Innern gegeben (dazu Art. 49 des Verwaltungsgerichtsgesetzes).

Eine weitere Folge daraus, daß die Regierung nur festzustellen, nicht zu genehmigen hat, ist das Verbot, irgendwelche Bedingungen an die Feststellung zu knüpfen. Denn es ist zwar eine bedingte Erlaubnis möglich; dagegen wäre es ein Widersinn, einen tatsächlichen Zustand bedingt feststellen zu wollen. Der Ausspruch kann also nur darauf lauten, daß die Anlage oder der vorgelegte Plan den zu würdigenden Anforderungen genügt oder nicht genügt. Unbenommen bleibt es aber der Regierung, zunächst zu erklären, daß sie die Feststellung dann treffen werde, wenn zuvor gewisse Voraussetzungen erfüllt seien; das ist an sich nur ein Zwischenbescheid, der aber für die Beschwerdemöglichkeit als Ablehnung der erbetenen Feststellung aufzufassen ist.

Endlich ergibt sich aus der Natur der Feststellung, daß dabei nur der **Zeitpunkt maßgebend** ist, in dem sie getroffen wird, während für sie alle Möglichkeiten außer Betracht bleiben, die etwa **in der Zukunft** eintreten können. Denn sie spricht nur aus, was augenblicklich der Fall ist. Mithin muß sie unter allen Umständen unabänderlich und unwiderruflich sein, so daß die Feststellung und die daraus abgeleitete Betriebsbefugnis auch dann nicht hinfällig werden, wenn sich in der Folgezeit die sanitären Anschauungen ändern und demgemäß die gesundheitlichen Anforderungen an eine Einäscherungsstätte steigern, oder wenn die Technik derart fortgeschritten ist, daß dem § 1 Satz 3 besser entsprochen werden könnte, als dies in der bereits ordnungsmäßig betriebenen Anlage geschieht; hierin liegt ein wichtiger Unterschied vom preußischen Recht (§ 3 Abs. 2 des preußischen Gesetzes). Es ist dann auch nicht etwa eine neue Feststellung erforderlich, da die oberpolizeilichen Vorschriften eine solche nur vor dem Betriebsbeginn verlangen; daß die Erfüllung der Erfordernisse des § 1 nicht außerhalb der Feststellung erzwungen werden kann, folgt aber ohne weiteres aus seinem Wortlaut. Ebensowenig ist ein Anhaltspunkt dafür gegeben, daß sie zurückgenommen werden könnte, wenn sie irrtümlich erfolgte; denn § 1 läßt die Tatsache der Feststellung entscheiden, ohne daß es auf ihre Gründe ankäme. Ueber den Fall der Aenderung der Einäscherungsstätte s. Anm. 4; das dort Ausgeführte gilt auch für sonstige Aenderungen, z. B. dann, wenn die betreibende Gemeinde infolge Einverleibung wechselt (neue Feststellung ist hier mithin nicht nötig).

So wenig wie in die Zukunft wirkt die Feststellung **in die Vergangenheit** dann, wenn die Anlage bereits auf Grund des früheren bayerischen Rechts in Betrieb genommen worden war. S. darüber Anm. 2 I zu § 6.

III. Gemeindliche Regelung des Betriebs. Die Einäscherungsstätte ist zweifellos als Gemeindeanstalt im Sinn der Gemeindeordnungen anzusehen, mag man sich im übrigen zu dem bestrittenen Begriff der Gemeindeanstalt stellen, wie man will. Ihre Benützung wird daher ebenso geregelt wie die der andern Gemeindeanstalten, nämlich — weil die an sich ebenfalls mögliche rein privatrechtliche Vereinbarung von Fall zu Fall jedenfalls hier praktisch nicht in Betracht kommt — durch örtliche Satzung (vgl. Art. 84, 130, 147 Abs. 1 der rechtsrheinischen Gemeindeordnung und Seydel, Bayerisches Staatsrecht, 2. Aufl. Bd. 2 S. 21 N. 18), die in der Vollzugsbekanntmachung „Betriebsordnung" genannt wird; es empfiehlt sich, diesen zutreffenden Ausdruck beizubehalten. Solche gemeindliche Regelung ist nach der Natur der Sache Voraussetzung des Betriebes; denn wenn dessen Einzelheiten nicht geordnet sind, ist die Betriebsmöglichkeit aus tatsächlichen Gründen ebensowenig gegeben, wie sie in andern Bundesstaaten (Braunschweig § 12, Preußen § 4) dann auch aus rechtlichen Gründen fehlt.

a. Zustandekommen der Betriebsordnung. Sie zerfällt überall da, wo nicht ausnahmsweise die Ausführung der Leichenverbrennung unentgeltlich gewährt wird, in zwei Teile, in eine Gebrauchsordnung und in eine Gebührenordnung. Zu beiden ist in den rechtsrheinischen Stadtgemeinden Beschlußfassung des Magistrats und Zustimmung der Gemeindebevollmächtigten nötig. Das folgt schon aus Art. 112 Abs. 1 Ziffer 5 der rechtsrheinischen Gemeindeordnung, da die Gemeindebevollmächtigten vor der dort für nötig erklärten Zustimmung zur Gründung einer Einäscherungsstätte (als einer neuen Gemeindeanstalt [1]) stets Vorlage der Betriebsordnung fordern und ihre Einwilligung nur geben werden, wenn sie gerade dieser zustimmen; für die Benützungsordnung ergibt es sich überdies aus Art. 112 Abs. 1 Ziffer 10 a. a. O., wonach ihr Einverständnis „bei Regelung der Gebühren für Benützung des Eigentums, der Anstalten oder Unternehmungen der Gemeinden" erforderlich ist. In Landgemeinden wird Beschluß des Gemeindeausschusses und unter der Voraussetzung des Art. 147 Abs. 1 a. a. O. auch der Gemeindeversammlung verlangt.

Dagegen braucht die Betriebsordnung von der Kreisregierung nicht genehmigt zu werden, was eine wesentliche Milderung gegenüber dem preußischen Recht (§ 4 des preußischen Gesetzes) darstellt; das wurde schon in Ziffer I b ausgeführt. Demgemäß hat die Regierung nicht einmal Anspruch darauf, daß ihr die Betriebsordnung vor deren Erlaß zur Prüfung vorgelegt werde; die gegenteilige Ausführuug in Ziffer I 2 Satz 5 und I 3 Abs. 1 der Vollzugsbekanntmachung verstößt gegen die Gemeindegesetzgebung und erscheint nicht zutreffend. Man kann auch nicht sagen, daß die Kreisregierung Kenntnis vom Inhalt der Betriebsordnung haben müsse, um die Feststellung nach § 1 Satz 4 der oberpolizeilichen Vorschriften treffen zu können; denn diese erstreckt sich nur darauf, ob die Einäscherungsanlage selbst nach den fraglichen Richtungen entspricht, jedoch nicht darauf, ob die Regelung des Betriebs zweckmäßig ist (s. dazu Ziffer II a Abs. 1). Wohl aber vermag sich die Regierung Kenntnis vom Entwurf der Betriebsordnung und von den Vorverhandlungen hierüber auf dem Weg des Art. 157 Abs. 2 der rechtsrheinischen und 89 Abs. 2 der pfälzischen Gemeindeordnung zu verschaffen.

[1] Daß es sich immer um die Errichtung einer neuen Gemeindeanstalt, nicht um die Aenderung einer bestehenden (der Friedhofeinrichtungen) handelt, spricht die auf Seite 15 genannte Entscheidung des Verwaltungsgerichtshofes vom 13. November 1912 aus.

b. Inhalt der Betriebsordnung. Eine Schranke besteht für sie nur insofern, als sie weder mit den bestehenden Bestimmungen, insbesondere den oberpolizeilichen Vorschriften selbst (s. dazu Ziffer IV der Vollzugsbekanntmachung) in Widerspruch stehen noch einen Benützungszwang (vgl. oben Ziffer I b am Ende) festsetzen darf. Im übrigen ist aber die Gemeinde entsprechend dem Grundsatz des gemeindlichen Selbstverwaltungsrechts völlig frei in der Bestimmung des Inhalts. Vor allem gilt in Bayern nicht die beschränkende Anordnung von § 4 Satz 3 des preußischen Gesetzes, wonach die Gebühren so zu bemessen sind, daß sie die Kosten der Einrichtung einschließlich der Verzinsung und Tilgung, der Erhaltung und Verwaltung der Anlage decken; vielmehr kann die Benützung ebenso unentgeltlich zugelassen wie von der Zahlung höherer Gebühren als der Selbstkosten abhängig gemacht werden.

Die bezüglichen Bestimmungen der Vollzugsbekanntmachung in der Betriebs-(Gebrauchs-)Ordnung zu wiederholen, ist nicht nötig, aber auch nicht unzulässig und vielleicht sogar zweckmäßig, um dem Benützer zusammenfassende Vorschriften zu bieten.

c. Die Entscheidung bei Streit über die Betriebsordnung erfolgt nach Art. 8 Ziffer 31 des Verwaltungsgerichtsgesetzes im verwaltungsrechtlichen Verfahren; die Möglichkeit einer privatrechtlichen Regelung von Fall zu Fall (s. dazu oben Ziffer III Eingang), welche zivilgerichtliche Zuständigkeit begründen würde, besteht nur theoretisch, nicht praktisch. Den Streit hat daher dann, wenn die Gemeinde, welche die Einäscherungsstätte betreibt, nicht eine unmittelbare Stadt ist, in erster Instanz das Bezirksamt, in zweiter die Kreisregierung, Kammer des Innern, im verwaltungsrechtlichen Senat und in dritter der Verwaltungsgerichtshof zu entscheiden; außerdem (s. dazu Reger-Dyroff, Kommentar zum Verwaltungsgerichtsgesetz 4. Auflage S. 301) ist die Regierung erste und der Verwaltungsgerichtshof zweite Instanz, während dem unmittelbaren Magistrat nur die Stellung eines Parteivertreters zukommt.

3. **Die Aenderung einer Einäscherungsstätte** bedarf bau- und feuerpolizeilicher Genehmigung, wenn die Voraussetzungen nach der Bauordnung vorliegen. Dagegen ist hiezu eine neuerliche Feststellung der Kreisregierung nach § 1 Satz 4 nicht erforderlich. Denn diese ist ja nur Erfordernis der Inbetriebnahme, kann also nicht Erfordernis einer bereits ordnungsmäßig in Betrieb genommenen Anlage sein; außerdem stünde solchem Verlangen die Natur der Feststellung (s. Anm. 2 II b) entgegen. Immerhin wird nach dem Sinn der oberpolizeilichen Vorschriften Voraussetzung hiefür sein, daß durch die Aenderung die Gewähr für Erreichung der Zwecke nicht verringert wird, auf die es nach § 1 Satz 4 bei der Feststellung ankommt.

4. **Für die Aufhebung einer Einäscherungsstätte** gilt entsprechend dasselbe. Jedenfalls unter dem Gesichtspunkt des Feuerbestattungsrechts ist irgendeine Genehmigung nicht erforderlich, während § 5 des preußischen Gesetzes ausdrücklich bestimmt: „Der Genehmigung der staatlichen Aufsichtsbehörde bedarf es, wenn das Grundstück, auf welchem die Anlage errichtet ist, ganz oder teilweise zu einem anderen Zweck verwendet werden soll" (ähnlich Braunschweig § 9 Abs. 2, Hamburg § 10, Sachsen § 2 Abs. 4). Maßgebend sind vielmehr nur die Bestimmungen für die Aufhebung von Gemeindeanstalten im allgemeinen; danach genügt und ist nötig ein Beschluß des Magistrats oder des Gemeindeausschusses, Zustimmung der Gemeindebevollmächtigten oder der Gemeindeversammlung wird nicht verlangt (vgl. Kahr, Kommentar zur rechtsrheinischen Gemeindeordnung Bd. 1 S. 877, Art. 112 N. 12d).

Welche Rechte die Angehörigen derjenigen Verstorbenen, deren Asche auf dem Gelände der Einäscherungsanlage beigesetzt ist, im Fall der Aufhebung haben, bestimmt sich nach der Gebrauchsordnung. Im allgemeinen besteht der Grundsatz, daß wohlerworbene Rechte durch eine einseitige Maßnahme der Gemeinde nicht beeinträchtigt werden dürfen.

§ 2.

I Eine Leiche darf in einer Anlage nach § 1 erst eingeäschert werden, wenn die Ortspolizeibehörde des Einäscherungsortes, in München der Stadtmagistrat, die Feuerbestattung schriftlich genehmigt hat.

II Die Genehmigung muß versagt werden, wenn nicht folgende Nachweise beigebracht sind:

1. die amtliche Sterbeurkunde,
2. eine amtsärztliche Bescheinigung über die Todesursache,
3. der Nachweis, daß der Verstorbene die Feuerbestattung seiner Leiche angeordnet hat,
4. eine Bescheinigung der Ortspolizeibehörde des Sterbeorts oder des letzten Wohnorts, in München der Polizeidirektion, darüber, daß ihr Umstände, die den Verdacht der Herbeiführung des Todes durch eine strafbare Handlung begründen, nicht bekannt sind; in den Fällen des § 157 Abs. I der

Strafprozeßordnung ersetzt die nach Abs. II des § 157 erteilte Genehmigung die Bescheinigung der Ortspolizeibehörde.

Voraussetzungen der Einäscherung im einzelnen Fall.

Zu vergleichen: Anhalt §§ 3, 5—7, Braunschweig §§ 5—7, Hamburg § 2, Hessen Art. 2—4, Lübeck §§ 2 und 3, Preußen §§ 7 und 8, Sachsen §§ 5—8, Württemberg Ziffer II; bayerische Vollzugsbekanntmachung Ziffer II.

1. **Sämtliche Voraussetzungen** sind durch das in §§ 2, 3 genannte Erfordernis der Genehmigung nicht erschöpft. Vielmehr ist auch § 5 mit Bemerkungen zu beachten; daß außerdem im Fall des § 157 Abs. 1 der Strafprozeßordnung die schriftliche Genehmigung der Staatsanwaltschaft oder des Amtsrichters erteilt worden sein muß, hebt Ziffer II Abs. 1 Satz 3 der Vollzugsbekanntmachung hervor. Darüber, daß zudem die gemeindliche Betriebsordnung noch weitere Erfordernisse einführen darf, s. Anm. 5 III (am Eingang).

2. **Ohne Genehmigung** eine Leiche einzuäschern, ist nach dem Inkrafttreten der oberpolizeilichen Vorschriften (s. dazu § 6 mit Anm.) unbedingt unzulässig. Wer es trotzdem unternimmt, ist strafbar; außerdem kann die Polizeibehörde nach Art. 20 Abs. 1 des Polizeistrafgesetzbuchs vorbehaltlich der späteren Strafverfolgung vorläufig einschreiten, also die Einäscherung gewaltsam verhindern (s. Anm. 2 vor § 1). Ueberdies sind die Beamten der Feuerbestattungsanlage disziplinär und allenfalls auch strafrechtlich dafür verantwortlich, daß keine Leiche ohne die in §§ 2, 3 vorgeschriebene Genehmigung verbrannt wird.

3. **Recht auf Genehmigung und Beschwerdemöglichkeit.**

I. Recht auf Genehmigung. Die Genehmigung muß erteilt werden, wenn nicht einer der in Abs. 2 vorgeschriebenen Nachweise fehlt oder ein andres auf Gesetz beruhendes Hindernis entgegensteht (dazu § 5). Die negative Fassung der Vorschrift läßt das zwar nicht völlig klar entnehmen; um so zweifelfreier ist ihr Sinn, da die Aufzählung der Ablehnungsgründe zugleich die Erklärung enthält, daß aus andrer Ursache die Ablehnung nicht erfolgen wird, da sonach für ein freies Ermessen kein Raum ist. Es besteht also eine Rechtspflicht der Behörde, die Genehmigung zu erteilen, wenn deren Voraussetzungen vorliegen, und ein Rechtsanspruch hierauf. Innerhalb welcher Frist die Genehmigung oder wenigstens ein Bescheid zu erteilen sei, ist nicht bestimmt; aus der Natur der Sache ergibt sich, daß dies vor Ablauf der Beerdigungsfrist (§ 10 der oberpolizeilichen Vorschriften über die Leichenschau und die Zeit der Beerdigung) zu geschehen hat. Auf der andern

Seite kennt das bayerische Recht auch keine Bestimmung darüber, innerhalb welcher Zeit vor der Feuerbestattung die Genehmigung eingeholt werden muß; dagegen verlangt Preußen § 7 Abs. 1 Antragstellung mindestens 24 Stunden vorher.

Der Anspruch wirkt auch dann fort, wenn eine Leiche deshalb beerdigt wurde, weil die Ortspolizeibehörde zu Unrecht die Genehmigung verweigerte und die nötige Richtigstellung durch die vorgesetzte Behörde nicht rechtzeitig erfolgte. In diesem Fall ist die Genehmigung nachträglich zu erteilen und die Leiche nach Ausgrabung zu verbrennen, falls nicht etwa nunmehr die besondern Vorschriften über die Leichenausgrabung entgegenstehen. S. dazu auch Anm. 3 I Abs. 3 vor § 1.

Wem der Rechtsanspruch zusteht, ist zweifelhaft. Würde das bayerische Recht Vorschriften über die Antragsbefugnis enthalten, so wäre klar, daß der Anspruch nur dem Antragsberechtigten zustünde; allein solche Bestimmungen fehlen völlig (s. Anm. 4 III). Man wird davon auszugehen haben, daß einen Rechtsanspruch nur ein rechtlich Interessierter besitzen kann. Solche Eigenschaft kommt wohl nur dem Bestattungspflichtigen oder demjenigen zu, dem der Verstorbene in der Form der Auflage die Fürsorge für die Feuerbestattung zur Pflicht machte. Große praktische Bedeutung wird diese Unterscheidung aber kaum haben, da die Behörde die Genehmigung immer dann erteilen muß, wenn ihr die vorgeschriebenen Nachweise erbracht sind, gleichgiltig von wem, so daß durch die Amtspflicht der Behörde gesichert erscheint, auch wer nicht im eigentlichen Sinn einen Rechtsanspruch auf Genehmigung besitzt.

II. Ueber das Beschwerderecht fehlt zwar in Bayern eine besondere Vorschrift im Gegensatz zu Hessen Art. 6, Preußen § 10 und Sachsen § 11, wo neben der ausdrücklichen Zulassung der Beschwerde in sehr zweckmäßiger Weise angeordnet wird, daß die Beschwerdeinstanz binnen 24 Stunden entscheiden müsse, teilweise (in Preußen und Sachsen) auch, daß der Bescheid der nächsthöhern Dienststelle endgiltig sei. Auch sonst besteht keine allgemeine Bestimmung über das Beschwerderecht in solchen Fällen, da sich Art. 14 des Polizeistrafgesetzbuchs nur auf Beschwerden gegen Erlassung einer polizeilichen Vorschrift bezieht, während es sich hier im Gegenteil um solche gegen Versagung einer polizeilichen Tätigkeit handelt. Dennoch ist an der Beschwerdemöglichkeit auf Grund des allgemeinen Ueberwachungsrechts der obern Behörden in Polizeiangelegenheiten nicht zu zweifeln; und zwar ist Beschwerde ebenso zulässig gegen die Genehmigung wie gegen die Abweisung des Gesuchs oder gegen eine Zwischenverfügung, z. B. die Auflage, die vorgelegten Nachweise in irgendeiner Weise zu ergänzen. Wenn ein unmittelbarer Magistrat die Genehmigung zu erteilen hätte, so erkennt über die

Beschwerde die Kreisregierung, Kammer des Innern, in deren Bezirk die Stadt liegt, sonst das zuständige Bezirksamt; weitere Beschwerde ist im zweiten Fall an die Kreisregierung und allenfalls gegen diese an das genannte Ministerium, im ersten Fall nur an das letztere zulässig.

Die formale Beschwerdeberechtigung kann nur demjenigen zukommen, der einen Rechtsanspruch auf Erteilung der Genehmigung besitzt (s. Ziffer I Abs. 3). Das hat aber deshalb keine sonderliche Bedeutung, weil die Befugnis, die höhere Behörde auf einen vermeintlichen Mißgriff der untern aufmerksam zu machen, jedem in der Form der Anregung zukommt; der Unterschied besteht nur darin, daß die angerufene Stelle die auf Grund Rechtsanspruchs erhobene Beschwerde prüfen und durch eine Verfügung bescheiden muß, während sie Beschwerden, die nur als Anregung erscheinen, einfach unbeachtet lassen kann und keine Antwort zu erteilen braucht.

Eine Beschwerdefrist besteht nicht; die Beschwerde kann also jederzeit, auch nach der Beerdigung, erhoben werden. Daß durch diese die Beschwerde nicht etwa gegenstandslos wird, daß vielmehr der erbetene Bescheid, wenn er im Sinn des Antrags lautet, sehr wohl noch vollzogen werden kann, zeigt die Ausführung in Ziffer I Abs. 2.

4. Die formalen Voraussetzungen der Genehmigung.

I. Zuständigkeit der genehmigenden Behörde. Die Genehmigung kann nur von der „Ortspolizeibehörde des Einäscherungsortes" erteilt werden. Die Erlaubnis einer unzuständigen Behörde ist unwirksam.

Ortspolizeibehörde ist in den rechtsrheinischen Stadtgemeinden der Magistrat (Art. 92 Abs. 1 der rechtsrheinischen Gemeindeordnung), in den rechtsrheinischen Landgemeinden und in der Pfalz der Bürgermeister (Art. 138 Abs. 2 a. a. O., Art. 71 Abs. 2 der pfälzischen Gemeindeordnung). Auch in den erstgenannten Gemeinden wird jedenfalls dann, wenn die nötigen Nachweise einwandfrei beigebracht sind, der Bürgermeister oder sein Stellvertreter die Genehmigung erteilen können, da es sich um ein Geschäft handelt, das sich nicht zur kollegialen Behandlung eignet (dazu Art. 94 der rechtsrheinischen Gemeindeordnung); doch steht nichts im Weg, die Beschlußfassung des Magistrats zu erholen, was in zweifelhaften Fällen sehr angezeigt sein wird. Auch in München ist der Stadtmagistrat zuständig; daß aber daneben die Polizeidirektion ebenfalls tätig werden muß, ergibt § 2 Abs. 2 Ziffer 4 (s. auch § 5 Anm. 1 I b).

„Einäscherungsort" ist immer die Gemeinde des Einäscherungsortes, nie die einzelne Ortschaft (der einzelne Nebenort);

denn im Hinblick auf Art. 153 Abs. 2 der rechtsrheinischen Gemeindeordnung und 85 Abs. 2 Satz 2 der pfälzischen Gemeindeordnung gibt es nur eine gemeindliche, keine ortschaftliche Ortspolizei. Näheres hierüber s. in meiner Abhandlung „Der Begriff des Ortes im Rechtssinn, insbesondere im Sinn des Polizeistrafgesetzbuchs" in der Zeitschrift für Rechtspflege in Bayern 9. Jahrgang Nr. 1 und 2. Ist der Einäscherungsort nicht zugleich der Sterbeort oder der letzte Wohnort, so ist auch eine Amtshandlung der Ortspolizeibehörde dieses Ortes nötig (s. Anm. 5 III d).

II. Schriftliche Form der Genehmigung.

a. Nach der Fassung der Vorschrift kann kein Zweifel darüber sein, daß eine mündlich erteilte Erlaubnis ungiltig wäre. Ein Teil dieses Erfordernisses ist es wohl auch, daß die Genehmigung von der zuständigen Stelle unterschrieben sein muß; dies ist stets der Bürgermeister oder dessen Stellvertreter, auch wenn ein Stadtmagistrat die Ortspolizeibehörde bildet und wenn die Genehmigung durch Sitzungsbeschluß ausgesprochen wurde (s. Art. 101 Abs. 3 der rechtsrheinischen Gemeindeordnung). Dagegen ist weder die Ausstellung einer förmlichen Genehmigungsurkunde noch überhaupt die Hinausgabe oder auch nur Eröffnung der schriftlichen Genehmigung erforderlich; ein ganz formloser Vermerk zum Akt genügt. Ein ordnungsmäßiges Verfahren wird aber die Einhaltung einer gewissen Form ratsam erscheinen lassen.

Das Erfordernis der Schriftlichkeit gilt an sich nur für die Genehmigung, nicht für die Ablehnung des Antrags. Schon im Hinblick auf die Beschwerdemöglichkeit ist es aber ebenso angezeigt wie der Uebung entsprechend, daß auch in diesem Fall ein schriftlicher Bescheid erteilt wird.

Ueber die erteilten schriftlichen Genehmigungen hat die Ortspolizeibehörde nach Ziffer II Abs. 2 der Vollzugsbekanntmachung ein fortlaufendes Verzeichnis mit dem dort näher bezeichneten Inhalt zu führen. Es ist ein öffentliches Register im Sinn des Reichsstrafgesetzbuchs; die Bewirkung vorsätzlich falscher Eintragungen wird nach dessen § 271 bestraft.

b. Gegenüber der schriftlichen Genehmigung entsteht die Frage, ob sie gebührenpflichtig ist. Es handelt sich um eine Verfügung auf dem Gebiet der Polizeiverwaltung im Sinn des Art. 201 des Gebührengesetzes in der Fassung der Bekanntmachung vom 13. Juli 1910. Dessen Art. 3 Ziffer 1 kann nicht zur Anwendung kommen, wonach für Amtshandlungen, die unabhängig von dem Verschulden einer Partei im öffentlichen Interesse von Amts wegen gepflogen werden, eine Gebühr nicht erhoben werden darf; denn diese Genehmigung (s. dagegen Anm. 5 III a) wird im Interesse eines Privaten erteilt. Soweit ein unmittelbarer Stadtmagistrat für die Erlaubnis zuständig ist, wird daher nach Art. 202 Abs. 1 Ziffer 3 eine Gebühr von 2—200 Mark fällig, die im Einzelfall im Hinblick auf Art. 284 des Gebührengesetzes und auf die sonstige Handhabung 3 Mark nicht überschreiten dürfte. Denn nach Art. 93, 94 der rechtsrheinischen Gemeindeordnung sind die unmittelbaren Stadtmagistrate „Distriktsverwaltungsbehörden" und Art. 202 des Gebührengesetzes legt nur darauf Gewicht, daß eine solche die Verfügung erließ; daß diese vom Magistrat in seiner Eigenschaft als Orts-, nicht als Distriktspolizeibehörde erlassen wurde, ist demgegenüber gleichgiltig. Dagegen fällt dann, wenn eine andere Stelle zur Genehmigung zuständig ist (s. Ziffer I Abs. 2), keine Gebühr an, weil dann eine Bestimmung darüber fehlt, welche Gebühr zur Erhebung kommt; doch kann das Finanzministerium auf Grund des Art. 204 des Gebührengesetzes und des § 4 Abs. 3 der Verordnung vom 23. Dezember 1899, die Ausführung des Reichsgerichtskostengesetzes und des Gesetzes über das Gebührenwesen betr. (Gesetz- und Verordnungsblatt S. 1223), die Lücke im Benehmen mit dem Ministerium des Innern jederzeit ausfüllen.

Zur Zahlung der Gebühr ist nach Art. 231 Abs. 1 Buchstabe c des Gebührengesetzes derjenige verpflichtet, der die Genehmigung veranlaßt oder in dessen Interesse die Behörde die Amtshandlung vorgenommen hat. Das ist dann, wenn der Antrag eines andern als des Verstorbenen vorlag, der Antragsteller; außerdem (s. darüber Ziffer III) richtet sich die Gebührenforderung gegen den, der nach bürgerlichem Recht zur Tragung der Bestattungskosten verpflichtet ist, also gegen die Erben des Verstorbenen (§ 1968 des Bürgerlichen Gesetzbuchs) oder — wenn Ersatz von diesen nicht erlangt werden kann — gegen die Personen, die gegenüber dem Verstorbenen unterhaltspflichtig waren (§§ 1615 Abs. 2, 1713 Abs. 2 a. a. O.). Wegen der Auslegung des Wortes „Beerdigung", das die angeführten Bestimmungen gebrauchen, in diesem Sinn s. die Nachweise in meiner Schrift „Die Leichenverbrennung und das bayerische Recht" S. 28.

Auf keinen Fall ist der Vollzug der Feuerbestattung von der vorherigen Bezahlung der Gebühr abhängig, während das Ortsgesetz für Gera (Reuß) solche Abhängigkeit ausdrücklich vorschreibt.

III. Antrag auf Erteilung der Genehmigung. Darüber, wie die Ortspolizeibehörde veranlaßt wird, die Genehmigung auszusprechen, sagen die oberpolizeilichen Vorschriften im allgemeinen nichts, während Preußen (§ 7 Abs. 2) und Sachsen (§ 5 Satz 3) anordnen, daß jeder Bestattungspflichtige antragsberechtigt ist, woraus umgekehrt von selbst folgt, daß bloß auf den Antrag eines solchen die Einäscherung erlaubt werden darf. Eine Ausnahme besteht in Bayern nur insofern, als nach § 3 Abs. 2

dann, wenn eine Person unter 16 Jahren eingeäschert werden soll, die unter elterlicher Gewalt stand, „der Antrag des Inhabers der elterlichen Gewalt an die Stelle der Anordnung tritt"; in diesem einen Fall muß sonach ein derartiger Antrag gerade des genannten Rechtssubjekts vorliegen, die entsprechende Erklärung irgendeiner andern Person wäre bedeutungslos (s. darüber näher in § 3 Anm. 2).

Gerade aus dem dadurch geschaffenen Gegensatz geht deutlich hervor, daß im Regelfall ein Antrag im Rechtssinn nicht erforderlich ist, d. h. daß es weder ein auf gewisse Rechtsträger beschränktes Antragsrecht gibt, noch daß ein förmlicher Antrag unter Einhaltung bestimmter Besonderheiten verlangt wird. Eines Antrags im weitern Sinne bedarf es aber doch, da die Behörde keine Pflicht und keinen Anlaß hat, von Amts wegen vorzugehen; das drückt auch § 2 der oberpolizeilichen Vorschriften dadurch aus, daß er verlangt, die Nachweise seien „beizubringen", nicht von der Behörde zu erholen. Der Antrag erscheint aber hier mangels aller beschränkenden Bestimmungen nur als Anregung und kann daher von jedem gestellt werden, ohne daß ein rechtliches Interesse nachzuweisen ist; insbesondere werden dabei außer den Verwandten die Feuerbestattungsvereine, vielleicht auch die Armenpflegen in Betracht kommen. Es besteht auch keine zeitliche Grenze etwa der Art, daß Antrag oder Anregung in die Zeit nach dem Tode fallen müßte; demgemäß genügt eine Mitteilung, die der Verstorbene selbst bei Lebzeiten gemacht hat, vor allem die Hinterlegung seiner Verbrennungsanordnung (§ 3) bei der Ortspolizeibehörde, falls dieser hiezu bereit war, wozu sie nicht verpflichtet werden kann.

Das Fehlen einer eigenen Antragsbefugnis hat zur Folge, daß dann, wenn die Voraussetzungen des § 2 Abs. 2 gegeben sind, auch niemand ein Widerspruchsrecht gegen die Vornahme der Feuerbestattung besitzt. Selbst die nächsten Verwandten vermögen daher die Einäscherung unter der bezeichneten Voraussetzung ebensowenig zu verhindern, wie die Erben oder sonst jemand; der Grundgedanke der Vorschrift ist der, daß der Wille des Verstorbenen und die gesundheits- und justizpolizeilichen Rücksichten zu beachten sind, während jeder weitere Wille, der sich pietätlos an die Stelle des Willens des Verstorbenen setzen will, völlig ausscheidet. Dagegen hatte der Entwurf des sächsischen Feuerbestattungsgesetzes vorgeschlagen, daß die Feuerbestattung gegen den Widerspruch der nächsten Angehörigen unzulässig sein solle, was aber vom Landtag abgelehnt wurde.

5. Die materiellen Voraussetzungen der Genehmigung: Beibringung der Nachweise nach § 2 Abs. 2.

I. Ausnahmslos ist Voraussetzung der Genehmigung, daß die Nachweise nach § 2 Abs. 2 beigebracht werden. Insbesondere besteht keine Ausnahme:

a. Nach dem Sterbeort: Es ist ganz gleichgiltig, ob der Einzuäschernde in Bayern oder außerhalb Bayerns starb (s. dazu auch Anm. 3 II vor § 1). Für den Fall des Todes im Reichsausland gilt nur wegen der Sterbeurkunde eine Besonderheit (s. Ziffer III a).

b. Nach der Todeszeit: Insbesondere kommt § 2 auch dann zur Anwendung, wenn der Tod vor dem Inkrafttreten der Vorschriften (s. § 6) eintrat, sei es, daß er vorher innerhalb der Beisetzungsfrist erfolgte, sei es, daß die Verbrennung einer Leiche, die schon beerdigt war (dazu Anm. 3 I Abs. 2) in Frage steht. Noch weniger wird die Anwendbarkeit dadurch ausgeschlossen, daß vor diesem Zeitpunkt die Verbrennungsordnung getroffen worden war; mithin sind diejenigen früher ergangenen derartigen Verfügungen, die der neuen Bestimmung (§ 3) nicht entsprechen, in allen Fällen unbeachtlich, in denen die Einäscherung innerhalb Bayerns ausgeführt werden soll, und müssen in der Form des § 3 erneuert werden. Geschah letzteres nicht, so kann aber die Anordnung des Verstorbenen gleichwohl dadurch zum Vollzug gebracht werden, daß die Leiche nach der Einäscherungsstätte eines Bundesstaates mit milderen Vorschriften überführt wird (s. dazu S. 21/2).

c. Nach der Staatsangehörigkeit oder der Religion oder den sonstigen persönlichen Verhältnissen des Verstorbenen: Ein Inländer wird nicht anders behandelt wie ein Ausländer, ein Katholik wird bei Vorliegen der Voraussetzungen ebenso verbrannt wie ein Protestant usw.

d. Danach, ob man billigerweise überhaupt verlangen kann, daß die Nachweise innerhalb der erforderlichen Zeit herbeigeschafft werden. Demgemäß ist die Genehmigung der Feuerbestattung unzulässig, wenn zwar feststeht, daß der Verstorbene eine Anordnung nach § 3 getroffen hat, wenn diese aber augenblicklich nicht vorgelegt werden kann; aus demselben Grund darf eine Leiche, der gegenüber nicht zu ermitteln ist, unter welchen Verhältnissen (unter welchem Namen usw.) der Verstorbene gelebt hat, nicht zur Einäscherung zugelassen werden, da hier dem Erfordernis in Abs. 2 Ziffer 3 nicht entsprochen zu werden vermag. In solchen Fällen muß die Beerdigung stattfinden; daß nach Behebung des Mangels der Wille des Toten dann gleichwohl noch vollziehbar ist, ergibt sich aus Anm. 3 I Abs. 2.

II. Form der Nachweise. Für die in Ziffer 1, 2 und 4 genannten Nachweise ergibt sich das Erfordernis der Schriftlichkeit aus der Ausdrucksweise („Urkunde", „Bescheinigung"), für den Nachweis nach Ziffer 3, soweit nicht eine Person unter 16 Jahren verbrannt werden soll, aus der Vorschrift in § 3 Abs. 1.

In allen Fällen mit Ausnahme der Beurkundung nach § 3 Abs. 1 Ziffer 2 (s. § 3 Anm. 4 b Abs. 1) kommt zum Erfordernis der Schriftform das der **Unterschrift**, da ohne solche weder eine Urkunde noch eine Bescheinigung gegeben ist, und zwar muß gerade das der Ortspolizeibehörde vorzuweisende Schriftstück von der zuständigen Person unterschrieben sein. Es genügt also weder eine telegraphische Erklärung, weil bei dieser die Unterschrift zwar auf dem zurückbleibenden Original steht, auf dem Telegramm aber fehlt, noch eine Abschrift, die von andern als den nach § 2 Abs. 2 zuständigen Personen beglaubigt ist.

Auch wenn der Ortspolizeibehörde des Einäscherungsortes statt der Vorlage der Schriftstücke **auf andere Art** dargetan wird, daß materiell alle Voraussetzungen erfüllt sind, die § 2 sichern will, und wenn das auch in der glaubhaftesten Weise geschieht, so darf sie die Genehmigung gleichwohl nicht erteilen. So ist es ungenügend, wenn der Amtsarzt des vom Einäscherungsort verschiedenen Sterbeorts die Erklärung über die Todesursache telephonisch deshalb abgibt, weil die schriftliche Bescheinigung nicht mehr rechtzeitig eintreffen könnte; wenn das Telegramm des zuständigen Standesbeamten vorgezeigt wird, daß die vorgeschriebene Sterbeurkunde vorliege; wenn völlig unverdächtige Zeugen bestätigen, daß der Verstorbene nicht nur die Feuerbestattung seiner Leiche anordnete, sondern daß er das in der Form des § 3 Abs. 1 tat, falls die Niederschrift hierüber nicht zu beschaffen ist (z. B. weil sie verlegt wurde, oder weil sie sich bei einer andern Behörde befindet, welche die Herausgabe verweigert). Dagegen haben andre Bundesstaaten (so Sachsen § 6 Ziffer 2) irgendeine Schranke über die Form der Nachweise nicht aufgestellt.

III. **Die einzelnen Nachweise**, die beigebracht werden müssen, sind in § 2 Abs. 2 erschöpfend aufgezählt. Weitere gibt es kraft des in ganz Bayern geltenden Rechtes nicht; insbesondere fehlt eine Bestimmung von der Art der Ziffer II 4 Abs. 8 der Ausführungsanweisung zum preußischen Feuerbestattungsgesetz, daß auch eine Bescheinigung über vorschriftsmäßige Einsargung erforderlich sei. Doch bleibt es den Gemeinden überlassen, nach freiem Ermessen in den Betriebsordnungen etwa noch andre allgemeine Voraussetzungen für die Benützung der gemeindlichen Einäscherungsstätte, insbesondere weitere Nachweise zu verlangen.

a. **Die amtliche Sterbeurkunde.** Diese besteht für die im Reichsgebiet verstorbenen Personen in einem beglaubigten Auszug aus dem Sterberegister (Vollzugsbekanntmachung II Abs. 3 Ziffer 1); s. dazu § 59 des Gesetzes über die Beurkundung des Personenstandes und der Eheschließung vom 6. Februar 1875. Der Auszug ist nach § 16 Abs. 2 Satz 2 dieses Gesetzes gebührenfrei, weil zwar die Genehmigung selbst im Privatinteresse erteilt wird (s. Anm. 4 II b), dagegen die Beibringung der von der Behörde verlangten

Nachweise zur Prüfung des Gesuchs, auf dessen Genehmigung ein Rechtsanspruch besteht (s. Anm. 3 I), im öffentlichen Interesse liegt.

Darüber, welcher Nachweis dann zu erbringen ist, wenn der Tod im Ausland eintrat, ist nichts bestimmt. Andre Bundesstaaten (so Anhalt § 5 Abs. 2, Lübeck § 2 Abs. 1 Ziffer 1, Sachsen § 6 Ziffer 1, Württemberg Ziffer II 1) schreiben ausdrücklich vor, daß dann eine amtlich beglaubigte Sterbeurkunde oder Bescheinigung des Sterbefalls beigebracht werden muß; das ist eine aus der Natur der Sache folgende Anordnung, die allgemeine Bedeutung beansprucht und auch in Bayern Platz greift. Dazu ist § 2 des Reichsgesetzes vom 1. Mai 1878, betr. die Beglaubigung öffentlicher Urkunden (RGBl. S. 89) zu vergleichen, wonach auf alle Fälle Legalisation durch einen Konsul oder Gesandten des Reichs genügt.

b. Eine amtsärztliche Bescheinigung über die Todesursache. Welcher Amtsarzt zuständig ist, bestimmt die Vollzugsbekanntmachung II Abs. 3 Ziffer 2; im allgemeinen ist es der Landgerichts-, nicht Bezirksarzt (dazu § 5 Anm. 1 I b). Dort ist auch vorgeschrieben, daß eine Besichtigung der Leiche vorangugehen hat, wobei ebenso wie bei der Ausstellung des Scheines nach der Anweisung verfahren werden muß, die der Vollzugsbekanntmachung beigegeben ist. Dagegen ist der Amtsarzt nicht ohne weiteres zur Leichenöffnung berechtigt. Von dieser sprechen die oberpolizeilichen Vorschriften überhaupt nicht; die Vollzugsbekanntmachung (a. a. O.) redet immer nur von einer „etwaigen" Leichenöffnung. Aus der beigegebenen Anweisung (Ziffer II 1 c Satz 2) ergibt sich aber deutlich, daß dann, wenn nicht die Voraussetzungen für eine richterliche Leichenöffnung vorliegen, der Amtsarzt die Oeffnung nur bei Bestehen eines Zweifels über die natürliche Todesursache und nur auf Antrag des Bestattungspflichtigen vornehmen darf; ein Zwang zu solcher Antragstellung kann bloß mittelbar dadurch erfolgen, daß andernfalls die Ausstellung der Bescheinigung verweigert wird. Wenn der Amtsarzt es ablehnt, die Bescheinigung zu erteilen, so kann sich dagegen beschweren, wer sich dadurch für benachteiligt erachtet. Die Beschwerde ist an die Kreisregierung, Kammer des Innern, zu richten (§ 5 der Verordnung vom 9. Januar 1912 über den amtsärztlichen Dienst bei den Distriktsverwaltungsbehörden und den Gerichten, GVBl. S. 7); gegen deren Bescheid darf das Ministerium des Innern angerufen werden. Die Ortspolizeibehörde hat keine Möglichkeit, den Amtsarzt zur Ausstellung zu zwingen, auch wenn sie dessen Weigerung für unbegründet hält; für sie entscheidet die Tatsache, daß die amtsärztliche Bescheinigung fehlt.

Die Bescheinigung ist gebührenpflichtig; s. Vollzugsbekanntmachung II Abs. 3 Ziffer 2 am Schluß. Die Gebühr beträgt

5—20 Mark; außerdem ist nach Art. 209 Ziffer 2 des Gebührengesetzes eine Gebühr von 50 Pfennigen für die Staatskasse mittels Gebührenmarke zu entrichten. Für die Besichtigung der Leiche fällt eine besondere Gebühr von 5—10 Mark, für allenfallsige Leichenöffnung eine solche von 20—50 Mark an, beidemale jedoch nur unter der Voraussetzung, daß ein Befundbericht und ein vorläufiges Gutachten abgegeben wurden.

Ein Zeugnis des behandelnden Arztes ist nicht erforderlich, während Anhalt § 5 Abs. 1 Ziffer 3, Braunschweig § 5 Abs. 1 Ziffer 2, Hessen Art. 3 Ziffer 1, Sachsen § 6 Ziffer 3 und § 8, Württemberg Ziffer II 3 es neben der amtsärztlichen Bescheinigung verlangen. Dem bezeichneten Arzt ist nur Gelegenheit zu geben, bei der Leichenschau und der allenfallsigen Leichenöffnung anwesend zu sein (Vollzugsbekanntmachung III Abs. 3 Ziffer 2).

c. Nachweis der Verbrennungsanordnung. Hierüber trifft § 3 nähere Bestimmung.

d. Bescheinigung nach Ziffer 4. Zuständig ist sowohl die Ortspolizeibehörde des Sterbeortes als auch die des letzten Wohnortes, falls beide Orte verschieden sind; die Wahl steht demjenigen zu, der Antrag auf Genehmigung nach Abs. 1 stellen will. Der Begriff der Ortspolizeibehörde wurde bereits in Anm. 4 I erörtert; beizufügen ist hier nur, daß nach Art. 3 Abs. 2 der rechtsrheinischen Gemeindeordnung dann, wenn der Sterbeort in einem ausmärkischen Bezirk liegt, die Ortspolizei ausnahmsweise der Distriktspolizeibehörde (regelmäßig dem Bezirksamt) zukommt. Für den Fall, daß der Tod auf hoher See erfolgte, trifft die Vollzugsbekanntmachung in II Abs. 3 Ziffer 4 Anordnung. Bei Todesfällen auf Reisen wird dort die Bescheinigung durch die Ortspolizeibehörde des Sterbeortes und je nach den Umständen auch durch die des letzten Wohnortes verlangt; das steht jedoch in offenkundigem Gegensatz zu der oberpolizeilichen Vorschrift selbst, die zwischen beiden die Wahl läßt, und wird daher (s. auch oben S. 20) nicht beachtet werden können. In München ist die Bescheinigung von der Polizeidirektion auszustellen.

Die Bescheinigung hat dahin zu lauten, daß der Ortspolizeibehörde Umstände, die den Verdacht der Herbeiführung des Todes durch eine strafbare Handlung begründen, nicht bekannt sind. Da der Nachweis nach Ziffer 4 selbständig neben den nach Ziffer 2 tritt, darf sich die Ortspolizeibehörde nicht damit begnügen, daß der Amtsarzt eine natürliche Todesursache feststellte. Auf der andern Seite braucht sie aber ohne Vorliegen eines besondern Anlasses auch nicht selbständige Nachforschungen zu veranstalten, da sie nur eine negative, keine positive Bestätigung erteilt; mehr als Ausstellung der Bescheinigung auf Grund der Aktenkenntnis unter

Anwendung der üblichen Sorgfalt und Vorsicht wird dann nicht zu verlangen sein.

Nur in einem Fall ist die Bescheinigung nicht nötig, wenn nämlich eine staatsanwaltschaftliche oder richterliche Genehmigung nach § 157 der Strafprozeßordnung [1]) erteilt wurde. Dagegen wird die erstere nicht dadurch überflüssig, daß der Sterbeort zugleich der Einäscherungsort ist, was sehr häufig vorkommen wird; beim Fehlen einer besondern Vorschrift hiefür muß angenommen werden, daß dann die Ortspolizeibehörde des Einäscherungsortes vor Erteilung der Genehmigung nach Abs. 1 mindestens zu ihren Akten eine Feststellung nach Ziffer 4 zu treffen hat. Ebensowenig ersetzt die bezeichnete strafprozessuale Genehmigung die amtsärztliche Bescheinigung über die Todesursache nach Ziffer 2.

Die Ausstellung der Bescheinigung erscheint als eine Amtshandlung im Sinn des Art. 3 des Gebührengesetzes, die unabhängig vom Verschulden einer Partei im öffentlicheu Interesse von Amts wegen gepflogen wird; die Gründe sind dieselben, wie oben in Buchstabe a Abs. 1 am Schluß angeführt. Für die Bescheinigung darf daher nach der angeführten Bestimmung eine Gebühr nicht erhoben werden.

Weigert sich die Ortspolizeibehörde, die Bescheinigung zu erteilen, so ist hiegegen Beschwerde zulässig; s. darüber Anm. 3 II.

§ 3.

I Der Nachweis, daß der Verstorbene die Feuerbestattung angeordnet hat (§ 2 Abs. II Ziff. 3), kann erbracht werden

1. durch eine letztwillige Verfügung des Verstorbenen,
2. durch eine mündliche Erklärung des Verstorbenen, die von einer zur Führung eines öffentlichen Siegels berechtigten Person als in ihrer Gegenwart abgegeben beurkundet ist.

II Die Anordnung ist nur wirksam, wenn der Verstorbene sie nach vollendetem 16. Lebensjahre getroffen

[1]) § 157 der Strafprozeßordnung lautet: „Sind Anhaltspunkte dafür vorhanden, daß jemand eines nicht natürlichen Todes gestorben ist oder wird der Leichnam eines Unbekannten gefunden, so sind die Polizei- und Gemeindebehörden zur sofortigen Anzeige an die Staatsanwaltschaft oder an den Amtsrichter verpflichtet.

Die Beerdigung darf nur auf Grund einer schriftlichen Genehmigung der Staatsanwaltschaft oder des Amtsrichters erfolgen."

hat; sie kann nicht durch einen Vertreter getroffen werden; stand jedoch der Verstorbene unter elterlicher Gewalt und hatte er nicht das 16. Lebensjahr vollendet, so tritt der Antrag des Inhabers der elterlichen Gewalt an die Stelle der Anordnung.

Insbesondere Nachweis der Verbrennungsanordnung.

Zu vergleichen: Anhalt §§ 3 und 4, Braunschweig §§ 1—4, Hessen Art. 2 Abs. 2—4, Lübeck § 2 Abs. 1 Ziff. 2, Preußen § 9, Sachsen § 6 Ziff. 2, Württemberg Ziff. II 2; bayerische Vollzugsbekanntmachung II Abs. 3 Ziff. 3.

1. Allgemeines. Die oberpolizeilichen Vorschriften machen einen grundsätzlichen Unterschied nach dem Lebensalter. Hatte der Verstorbene das 16. Jahr vollendet, so darf er nur verbrannt werden, wenn das durch ihn selbst nach Vollendung des 16. Jahres in der Form des ersten Absatzes angeordnet worden war. Hatte er bei seinem Tod das 16. Jahr noch nicht vollendet, so ist die Feuerbestattung überhaupt unzulässig, falls er nicht unter elterlicher Gewalt stand; außerdem darf sie bloß auf Antrag des Inhabers dieser Gewalt genehmigt werden. Das wird im folgenden näher ausgeführt werden. Die Vollendung des 16. Lebensjahres, die hier entscheidet, spielt auch sonst im Rechtsleben eine Rolle; so beginnt mit diesem Zeitpunkt die Ehemündigkeit der Frau (§ 1813 Abs. 1 des Bürgerlichen Gesetzbuchs), die Testamentsfähigkeit (§ 2229 Abs. 2 a. a. O.) und die Eidesfähigkeit (§ 393 Abs. 1 Ziffer 1 der Zivilprozeßordnung, § 56 Ziffer 1 der Strafprozeßordnung).

2. Verbrennungsanordnung für eine Person unter elterlicher Gewalt, die das 16. Lebensjahr nicht vollendet hatte.

I. Die Voraussetzungen sind, daß der Verstorbene das 16. Lebensjahr noch nicht vollendet hatte — die Berechnung erfolgt nach §§ 187 Abs. 2 Satz 2, 188 Abs. 2 des Bürgerlichen Gesetzbuchs derart, daß der Tag der Geburt voll mitgerechnet wird —, und daß er unter elterlicher Gewalt stand.

Die elterliche Gewalt kommt nur entweder dem leiblichen ehelichen Vater oder der leiblichen ehelichen Mutter zu, niemals dem Vormund, dem Pfleger, der unehelichen Mutter oder dem Vormundschaftsgericht. Lebt der eheliche Vater, so ist er immer Inhaber der elterlichen Gewalt, falls diese nicht ruht oder erloschen ist. Das erste trifft dann zu, wenn er geschäftsunfähig oder in der Geschäftsfähigkeit beschränkt ist, wenn ihm ein Pfleger für seine Person und sein Vermögen bestellt wird, oder wenn das

Vormundschaftsgericht festgestellt hat, daß er tatsächlich an der Ausübung der elterlichen Gewalt behindert ist (§§ 1676, 1677 des Bürgerlichen Gesetzbuchs); das zweite dann, wenn er für tot erklärt oder wegen einer an dem Kind vorsätzlich begangenen Straftat zu Zuchthaus oder mindestens sechs Monaten Gefängnis verurteilt oder wenn das Kind adoptiert wird (§§ 1679, 1680, 1765 a. a. O.). Der ehelichen Mutter gebührt die elterliche Gewalt: nach dem Tod oder der Todeserklärung des Vaters bis zu dem Zeitpunkt ihrer Wiederverheiratung unbedingt (§§ 1684 Ziff. 1, 1697 a. a. O.); bei Lebzeiten des Vaters während des Bestandes der Ehe in jenen Fällen, in denen die elterliche Gewalt des Vaters ruht (s. vor), sowie dann, wenn dieser an der Ausübung tatsächlich behindert ist, (§ 1685 Abs. 1 a. a. O.); nach der Scheidung der Ehe aus denselben Gründen, ferner aus dem weitern Grund, daß der Vater die Rechte infolge Bestrafung verwirkt hat (§ 1684 Ziffer 2 a. a. O.). Die elterliche Gewalt der Mutter ruht und erlischt infolge der gleichen Ursachen wie die des Vaters; außerdem erlischt sie auch noch durch Wiederverheiratung. Dasselbe wie für die ehelichen Kinder gilt für die Kinder aus einer nichtigen Ehe, deren Nichtigkeit einem Elternteil bei der Eheschließung unbekannt war, (§§ 1699 ff. a. a. O.) mit dem Vorbehalt des § 1701 Satz 2 und für solche uneheliche Kinder, die durch nachfolgende Ehe oder durch Ehelichkeitserklärung legitimiert wurden (§§ 1719, 1736 a. a. O.). Ueber ein an Kindes Statt angenommenes Kind haben die Adoptiveltern die elterliche Gewalt wie leibliche Eltern über ein leibliches Kind (§ 1757 a. a. O.).

Die Regel ist also, daß bei Lebzeiten des ehelichen Vaters diesem, sonst der ehelichen Mutter die elterliche Gewalt zusteht. Nach der Regel wird die Ortspolizeibehörde zu verfahren haben, so daß der Antrag des ehelichen Vaters genügen wird, solange sie nicht Anhaltspunkte für das Bestehen der vorbezeichneten Ausnahmeverhältnisse besitzt; eine Anfrage beim Vormundschaftsgericht, ob diesem solche bekannt sind, ist nur nötig, falls durch irgendeinen Umstand die Vermutung gerechtfertigt wird, sie könnten vorliegen, wäre aber sonst eine zwecklose Belästigung aller Beteiligten. Geht der Antrag von der ehelichen Mutter aus, so ist zunächst nur Bestätigung über den Tod oder die Todeserklärung des ehelichen Vaters nötig; wird sie beigebracht, so gilt entsprechend dasselbe.

II. Eine Form des Antrags ist hier nicht vorgeschrieben; demgemäß kann sie auch nicht verlangt werden. Es ist mithin weder eine Beurkundung noch eine Beglaubigung des Antrags noch überhaupt auch nur Schriftform für diesen erforderlich; mündlicher Antrag genügt. Doch muß sich die Behörde natürlich vergewissern, ob der Antragsteller wirklich der Berechtigte ist; auch ist es schon wegen der für die Zukunft nötigen Feststellung immer dringend anzuraten, einen mündlich gestellten Antrag zu beurkunden.

III. Der Antrag des Inhabers (der Inhaberin) der elterlichen Gewalt „tritt an die Stelle der Anordnung" des Verstorbenen. Hieraus folgt, daß es nicht beachtet werden könnte, wenn das Kind selbst der Einäscherung seiner Leiche widersprochen haben sollte. Für das sächsische Feuerbestattungsgesetz hatte die Regierung ein Widerspruchsrecht der Kinder zwischen 14 und 16 Jahren vorgesehen; die Bestimmung wurde aber vom Landtag wegen ihrer geringen praktischen Bedeutung gestrichen.

3. Verbrennungsanordnung einer nicht unter elterlicher Gewalt stehenden Person, die das 16. Lebensjahr noch nicht vollendet hatte, ist ausnahmslos unwirksam; ebensowenig kann ihr Vertreter nach ausdrücklicher Vorschrift die Anordnung treffen. Die elterliche Gewalt fehlt im Hinblick auf § 1678 des Bürgerlichen Gesetzbuchs auch dann, wenn die des Vaters ruht (s. Anm. 2 I) und die Mutter nicht mehr am Leben ist. Ein uneheliches Kind unter 16 Jahren darf hienach unter keinen Voraussetzungen eingeäschert werden (s. dazu § 1707 Satz 1 des Bürgerlichen Gesetzbuchs), falls es nicht durch nachfolgende Ehe oder durch Ehelichkeitserklärung legitimiert wurde (s. Anm. 2 I Abs. 2 am Schluß); steht Unehelichkeit der Geburt fest, so hat die Ortspolizeibehörde in diesem Fall daher den Nachweis der Legitimation zu verlangen.

4. Verbrennungsanordnung nach vollendetem 16. Lebensjahr. Sie muß nach § 3 Abs. 1 entweder durch letztwillige Verfügung oder durch beurkundete mündliche Erklärung des Verstorbenen erfolgt sein. Der Begriff der letztwilligen Verfügung ist — wenigstens nach der Feststellung in Ziffer II 3 der Vollzugsbekanntmachung — als ein juristisch-technischer gemeint und nur auf letztwillige Verfügungen im Sinn des Bürgerlichen Gesetzbuchs zu beziehen (dieses verwendet den Ausdruck z. B. in §§ 2065, 2077 ff., 2083 ff.), mithin nicht auf jeden Ausdruck eines letzten Willens.

I. Gemeinsames für beide Formen der Verbrennungsanordnung.

a. Der Nachweis muß „durch" letztwillige Verfügung oder beurkundete Erklärungen erbracht werden. Das läßt sich nur dahin verstehen, daß die Urkunde selbst vorzulegen ist, wenn die Genehmigung erteilt werden soll, während eine auch noch so einwandfreie Bestätigung, es sei die Anordnung in der Form des § 3 Abs. 1 getroffen worden, nicht genügt (s. auch § 2 Anm. 5 II Abs. 3); denn dann würde der Nachweis eben durch die Bestätigung erbracht, was nicht vorgesehen ist, nicht durch Verfügung oder Erklärung. Auch wird hervorzuheben sein, daß nach § 3 Abs. 1 im Zusammenhalt mit § 2 Abs. 2 die letztern „beizubringen" sind. Die ganze Vorschrift ist streng formal und kann daher nicht erweiternd ausgelegt werden; mit der Frage, ob nicht eine Erleichterung zweckmäßig wäre, haben sich aber diese Ausführungen nicht zu beschäftigen (vgl. das Vorwort). In Uebereinstimmung mit dem Ausgeführten bestimmt Ziffer II Abs. 1 Satz 1 der Vollzugsbekanntmachung, daß die Ortspolizeibehörde die Genehmigung erst erteilen darf, wenn ihr die Nachweise „vorliegen".

Für die Art der Vorlage insbesondere einer letztwilligen Verfügung enthält Ziffer II 9 der preußischen Ausführungsanweisung folgende Bestimmungen, die allgemeiner Art sind und auch in Bayern anwendbar erscheinen: „Wird die letztwillige Verfügung nicht offen vorgelegt, sondern nur behauptet, daß sie sich in einem verschlossen vorgelegten Umschlag befinde, so ist die Oeffnung des Umschlags abzulehnen, es sei denn, daß der Verstorbene auf dem Umschlag oder sonst die Ortspolizeibehörde um die Oeffnung ersucht hat. In diesem Fall ist der Umschlag zu öffnen und mit der Verfügung nach Entnahme einer beglaubigten Abschrift oder eines beglaubigten Auszugs in einem versiegelten Umschlag zurückzugeben".

b. Wo die letztwillige Verfügung errichtet oder die mündliche Erklärung abgegeben worden sein muß, ist nicht bestimmt. Wie beides zweifellos außerhalb Bayerns zulässig ist, kann es auch außerhalb des Reichs erfolgen; im letztern Fall ist für die erforderliche Form der letztwilligen Verfügung das Recht des auswärtigen Ortes entscheidend (s. dazu Art. 11 des Einführungsgesetzes zum Bürgerlichen Gesetzbuch), und ebenso bestimmt sich nach ausländischem Recht, ob die nach Ziffer 2 beurkundende Person zur Führung eines öffentlichen Siegels berechtigt ist. Die Legalisation durch einen deutschen Konsul oder Gesandten (vgl. auch § 2 Anm. 5 III a Abs. 2) ist nicht notwendig, aber zur Behebung von Zweifeln sicher zweckmäßig.

c. Wie weit derjenige, der einen eigenen rechtlichen Willen nicht oder nur beschränkt hat, die Verbrennungsanordnung abgeben darf, ist für die Form der Ziffer 1 durch §§ 2229, 2230 des Bürgerlichen Gesetzbuchs festgestellt; danach kann ein wegen Geistesschwäche, Verschwendung oder Trunksucht Entmündigter ein Testament überhaupt nicht mit Wirksamkeit errichten, während ein in der Geschäftsfähigkeit Beschränkter das ohne Zustimmung seines gesetzlichen Vertreters tun darf. Einen Erbvertrag vermögen nach § 2275 a. a. O. vorbehaltlich des zweiten Absatzes (Erleichterung bei Vertragsschluß mit dem Ehegatten) nur die voll geschäftsfähigen Personen abzuschließen.

Für die Form der Ziffer 2 fehlt jede ähnliche Anordnung; doch wird man aus allgemeinen Erwägungen zu demselben Ergebnis kommen müssen, wie es für die Testamentserrichtung besteht. Denn die mündliche Erklärung ist eine rechtlich bedeutsame Willenserklärung, und eine solche kann von einem rechtlich Willensunfähigen (Geschäftsunfähigen, § 104 des Bürgerlichen Gesetzbuchs) begriffsmäßig nicht ausgehen; sein gesetzlicher Vertreter ist aber von einem Handeln für ihn nach § 3 Abs. 2 ausgeschlossen. Wer dagegen nur beschränkt geschäftsfähig ist (§ 114 des Bürgerlichen Gesetzbuchs), hat immerhin noch einen rechtlich anerkannten selbständigen Willen, wie sich aus verschiedenen Vorschriften zeigt, wenn auch nicht in dem Maß wie ein voll Geschäftsfähiger; er darf daher die Erklärung nach Ziffer 2 abgeben.

d. Wird die Verbrennungsanordnung zurückgenommen, so kann das nur in derselben Form geschehen, in der sie erteilt wurde. Dies folgt zwingend beim Fehlen einer besondern Vorschrift aus dem formalen Wesen des § 3; es wäre ja auch durch nichts zu rechtfertigen, die Bestimmungen des Bürgerlichen Gesetzbuchs über letztwillige Verfügungen zum Teil anzuwenden, zum Teil aber nicht. Demgemäß kommt der Widerruf einer nach Ziffer 1 getroffenen Anordnung nur dann in Betracht, wenn er in der Form eines giltigen Testaments oder Erbvertrags erfolgte (§§ 2254, 2272, 2290 ff. des Bürgerlichen Gesetzbuchs), der Widerruf einer mündlich beurkundeten Erklärung nur dann, wenn er der Formvorschrift der Ziffer 2 genügte, wobei es aber zulässig ist, daß die Widerrufserklärung zur Urkunde einer andern Behörde abgegeben wird. Nicht einmal Gleichartigkeit der beiden Formen des § 3 Abs. 1 läßt sich derart zugestehen, daß eine Anordnung nach Ziffer 1 durch einen Widerruf in der Form der Ziffer 2 erfolgen dürfe; denn das wäre eben mit den Vorschriften des Bürgerlichen Gesetzbuchs über die Form der Rücknahme einer letztwilligen Verfügung nicht vereinbar. Es entspricht auch nur der schon in Buchstabe a betonten strengen Formalität der Vorschriften, daß der Widerruf ebenso erschwert ist, wie die Anordnung; dazu kommt die weitere offenkundige Absicht der Bestimmung, nach Möglichkeit die Ortspolizeibehörde, die ja binnen kürzester Zeit entscheiden muß, vor Zweifeln und Fehlgriffen zu sichern.

II. Die Formen von Absatz 1 im einzelnen.

a. Die Form der letztwilligen Verfügung. Nach der oben festgestellten ministeriellen Auslegung muß die im Bürgerlichen Gesetzbuch angeordnete Form der Testamente oder Erbverträge eingehalten werden; die in Betracht kommenden Vorschriften sind in Abschnitt D (S. 66 ff.) abgedruckt. Allgemein ist für die Testamentserrichtung nur zu bemerken, daß zwei ordentliche und vier außerordentliche Formen unterschieden werden müssen: die beiden erstern sind das öffentliche Testament vor dem Richter oder Notar (§§ 2131 Ziffer 1, 2232, 2246) — in Bayern kann es nur vor dem Notar, nicht auch vor dem Richter errichtet werden — und das eigenhändige Privattestament (§§ 2231 Ziffer 2, 2247, 2248); die vier letztern sind das Testament vor dem Gemeindevorsteher (Bürgermeister) bei Gefahr auf Verzug (sog. Dorftestament, § 2249), das Testament in einem wegen Krankheitsausbruch usw. abgesperrten Ort (§ 2250), das Testament an Bord eines deutschen Schiffes (§ 2251) und das Militär- oder Marinetestament.

Dabei genügt ein bloßer Hinweis auf die gesetzlichen Bestimmungen (s. Abschnitt D) insoweit, als eine Amtsperson mitzuwirken hat, da hiedurch eine Gewähr für Beachtung der Vorschriften gegeben ist. Das privatschriftliche Testament verlangt weiter nichts, als daß die Erklärung durch den Verstorbenen vom ersten bis zum letzten Wort selbst geschrieben wurde, daß er selbst den richtigen Ort und Tag der Niederschrift beigefügt und das Ganze selbst unterschrieben hat. Die Auslegung für das bürgerliche Recht, der man sich bei der vom Ministerium angeordneten entsprechenden Anwendung auch für das Feuerbestattungsrecht wird anschließen müssen, ist streng formalistisch; besonders sei betont, daß ein Testament nicht nur dann für ungiltig erachtet wird, wenn es nicht persönlich geschrieben wurde (wenn z. B. dem schreibunkundigen Verstorbenen dabei die Feder geführt wurde), sondern auch dann, wenn der Ort der Errichtung vorgedruckt ist (z. B. wenn der Briefbogen eines Hotels benützt wird), wenn die Erklärung nicht durch eigene Schreibtätigkeit des Verstorbenen, sondern etwa mittels der Schreibmaschine (wenn auch durch ihn selbst geschrieben) oder mit Unterschriftenstempel hergestellt wurde, oder wenn die Namensunterschrift nicht wirklich unter der Erklärung steht (sich etwa auf einem Briefumschlag befindet, in dem das Testament steckt), was sich aber auf Ort- und Zeitangabe nicht bezieht (bestritten). Dagegen braucht das Testament nicht geschrieben zu sein in Kurrentschrift (es kann auch stenographiert sein) oder in deutscher Sprache (jede lebende oder tote Sprache ist zulässig) oder mit Tinte (Verwendung von Bleistift nicht zu beanstanden) oder auch nur mit der Hand (Fußkünstler!); für die Unterschrift genügt der Vorname, falls danach genügende Feststellung noch möglich ist. Eine Beglaubigung der Unterschrift ist nicht nötig, unter Umständen aber zu empfehlen, weil hiedurch jeder Zweifel über die Echtheit der Urkunde beseitigt wird. Wegen aller hier nicht darstellbaren Einzelheiten kann ich vor allem auf das treffliche Buch von Sauer „Testamente und Erbverträge in Bayern" (München 1903) verweisen.

Die Verbrennungsanordnung durch letztwillige Verfügung darf sowohl für sich allein als auch im Zusammenhang mit sonstigen (namentlich rein vermögensrechtlichen) Testamentsbestimmungen getroffen werden. Das letztere ist aber nicht zu empfehlen, weil sich dadurch leicht Schwierigkeiten in der raschen Benützbarkeit ergeben. Als Beispiel für den Inhalt eines privatschriftlichen Testaments der ersten Art sei genannt:

„Ich ordne hiemit an, daß meine Leiche eingeäschert wird.

Nürnberg, den 15. Januar 1912.

Xaver Maier."

Gebührenpflichtig ist das privatschriftliche Testament nach bayerischem Recht nicht (anders nach preußischem Recht).

Ob eine förmliche Eröffnung der letztwilligen Verfügung durch das Nachlaßgericht nach §§ 2259 ff. des Bürgerlichen Gesetzbuchs stattgefunden hat oder nicht, ist für die ortspolizeiliche Genehmigung ganz gleichgiltig (ebenso Ziffer II 9 der preußischen Ausführungsanweisung); es genügt die Tatsache, daß solche Verfügung vorgelegt wird.

In Preußen (a. a. O.) ist noch besonders angeordnet, daß die Ortspolizeibehörde „eine ihr vorgelegte letztwillige Verfügung unverzüglich unter Zurückbehaltung einer beglaubigten Abschrift an den Vorleger zurückzugeben hat". Da eine derartige Anordnung in Bayern fehlt, wird danach zu unterscheiden sein, ob in dem Testament nur Bestimmungen über die Feuerbestattung getroffen waren oder noch andre; im ersten Fall wird die Behörde es bei ihren Akten in Urschrift verwahren dürfen, im zweiten wird sie es zurückgeben müssen, nachdem sie vorher für sich Abschrift gefertigt hat.

b. Die Form der beurkundeten mündlichen Erklärung. Die hiefür verlangten Voraussetzungen sind vierfacher Art. Zunächst muß es sich um „eine mündliche Erklärung des Verstorbenen" handeln. Das ist aber nicht dahin aufzufassen, daß der Verstorbene die Verbrennungsanordnung selbst vor der Behörde mündlich ausgesprochen haben und von dieser hierüber zu Protokoll genommen worden sein muß; sondern es genügt ebenso, wenn er nur eine gedruckte oder geschriebene Erklärung des nötigen Inhalts mit den Worten vorlegte, diese stimme mit seinem Willen überein, weil dann die mündliche Erklärung eben in den erläuternden Worten liegt. Solche Erklärung ist „zu beurkunden"; die Beurkundung muß sich also auf die Anordnung selbst beziehen und darf sich nicht (wie Hessen § 2 Abs. 2 allein vorschreibt) auf die Beglaubigung der Unterschrift beschränken. In dem eben genannten Fall der Uebergabe einer bereits vorher gefertigten Erklärung wird daher dem Erfordernis nur entsprochen, wenn die mündlich beigefügte Erklärung selbst beurkundet wurde; hiedurch werden die bisher in Bayern gebräuchlichen Feuerbestattungsanordnungen vielfach für die Verwendung gegenüber einer bayerischen Einäscherungsstätte untauglich werden, da bei ihnen gewöhnlich bloß die Unterschrift von der Behörde beglaubigt war. Die beurkundende Person muß „zur Führung eines öffentlichen Siegels berechtigt" sein, ohne daß es darauf ankäme, wie weit die Zuständigkeit zur Beurkundung reicht; demnach darf sie ebenso von dem Bürgermeister oder seinem Stellvertreter vorgenommen werden — dieser wird in Ziffer 3 der Vollzugsbekanntmachung beispielsweise genannt — wie etwa von dem Vorstand eines Bezirksamts, Amtsgerichts, Forstamts, Rentamts, Bahnamts, Pfarramts, Gymnasiums usw. Daß in gleicher Weise auch die eigentliche amtliche Urkundsperson, nämlich der Notar, berufen ist, versteht sich von selbst. Als Frage für sich erscheint es, wie weit die siegelberechtigte Person zur Beurkundung verpflichtet sei; man wird das bloß für den Notar und den Bürgermeister annehmen können, während die übrigen Inhaber öffentlicher Siegel nur berechtigt sind, aber jederzeit ohne Angabe eines Grundes ablehnen dürfen, da solche Beurkundungen an sich nicht in den Kreis ihrer Aufgaben gehören. Daß die beurkundende Person ihr Siegel auch wirklich beidrückt, ist nicht vorgeschrieben, wenn es auch in allen Fällen angezeigt sein dürfte. Endlich wird verlangt, daß diese Person die Erklärung „als in ihrer Gegenwart abgegeben" beurkundet; damit wird sowohl materiell angeordnet, daß dies geschehen muß, als auch formell, daß bei Meidung der Unwirksamkeit die bezeichnete Tatsache in den Beurkundungsvermerk aufgenommen wird. Unterschrift des Erklärenden ist nicht nötig.

Die Beurkundung ist gebührenfrei, auch wenn sie durch einen unmittelbaren Magistrat oder ein Bezirksamt erfolgt. Denn das Gebührengesetz kennt eine allgemeine Gebühr bloß für Beglaubigungen (Art. 202 Abs. 1 Ziffer 4), während von den Beurkundungen nur diejenigen gebührenpflichtig sind, die besonders aufgeführt sind, was für die hier in Frage stehende Beurkundung nicht zutrifft. Daß es sich nicht um eine Beglaubigung handelt, wurde im vorigen Absatz ausgeführt. Auch Art. 202 Abs. 1 Ziffer 2 des Gebührengesetzes wird nicht angewendet werden können, wonach für „Zeugnisse (Atteste, Bescheinigungen)" der Distriktsverwaltungsbehörden und der ihnen nach Art. 204 gleichzuachtenden Behörden eine Gebühr von 2—20 Mark erhoben wird; denn eine Beurkundung ist etwas anderes wie eine Bescheinigung, was gerade hier der Gegensatz zur Ausdrucksweise in § 2 Abs. 2 Ziffer 4 dartut. Nur dann, wenn ein Notar die Beurkundung vornimmt, ist eine Staatsgebühr von 1 ℳ zu entrichten (Art. 174 des Gebührengesetzes).

5. Uebergangsrecht: s. hierüber § 2 Anm. 5 I b und § 6 Anm. 2 II.

§ 4.

Die Aschenreste einer eingeäscherten Leiche müssen in einem besonderen, amtlich zu verschließenden Behälter entweder auf einem öffentlichen Friedhof oder in einer sonstigen nach Art. 61 Abs. I Ziff. 2 des Polizeistrafgesetzbuches zugelassenen Bestattungsanlage beigesetzt werden.

Behandlung der Aschenreste nach der Einäscherung.

Zu vergleichen: Lübeck § 7 Abs. 2, Preußen § 6, Sachsen § 4; bayerische Vollzugsbekanntmachung Ziffer III.

1. **Beisetzungszwang für Aschenreste.** Während es nach dem bisherigen Rechtszustand in Bayern zulässig war, die Aschenreste in der Wohnung aufzubewahren, an irgendeiner Stelle der Erde zu übergeben, im Wind zu zerstreuen, ins Wasser zu versenken usw., wird jetzt für sie durch § 4 ein Beisetzungszwang bestimmt. Zweck der Vorschrift ist, wie die Vollzugsbekanntmachung hervorhebt, eine solche Verfügung über die Aschenreste zu verhindern, die der Pietät widerspricht oder eine Nachprüfung im Interesse der Strafrechtspflege vereiteln kann.

I. Inhalt der Vorschrift.

a. „Die Aschenreste einer eingeäscherten Leiche": Ueber diesen Begriff s. die Ausführungen in Anm. 3 I vor § 1.

b. „Beisetzung". Hiefür entscheidet nicht schon die Tatsache, daß die Aschenreste überhaupt in die Bestattungsanlage verbracht worden sind, gleichgiltig an welche Stelle; sondern sie müssen entsprechend der üblichen Auslegung dieses Begriffes, die eine gewisse Feierlichkeit damit verbindet, dort so verwahrt sein, wie das nach der im einzelnen geltenden örtlichen Vorschrift (insbesondere der Friedhofordnung) für die Bestattung überhaupt vorgesehen ist, also entweder auf oder in einem Erdgrab oder in einer Urnenhalle, falls eine solche besteht. Der Beisetzungszwang enthält danach zugleich den Zwang, einen Beisetzungsplatz auf einem öffentlichen Friedhof zu erwerben, wenn keine besondere zulässige Begräbnisstätte zur Verfügung ist.

Ueber die erforderliche Dauer der Beisetzung ist ausdrücklich nichts bestimmt; sie ergibt sich aber bis zu einem gewissen Grad daraus, daß nach § 4 die Aschenreste eben nirgends anders als in einer Begräbnisstätte verwahrt werden können. Namentlich wäre es selbstverständlich unzulässig, daß die Hinterbliebenen die Ueberreste zwar zunächst beisetzen, aber nach wenigen Tagen an sich nehmen; von den Friedhofverwaltungen dürfen diese überhaupt nicht mehr hinausgegeben werden, wenn nicht Gewähr für eine dem § 4 entsprechende neue Beisetzung besteht, was freilich nur innerhalb Bayerns und derjenigen Bundesstaaten gilt, welche dieselben Vorschriften trafen. Dagegen kann man nicht etwa annehmen, die Beisetzung sei ein Dauerbegriff derart, daß der durch sie geschaffene Zustand für alle Zeiten gewährleistet sein müsse; dies widerspräche schon dem öffentlichen Recht, das ja eine Schließung von Friedhöfen kennt, und wäre auch sonst undurchführbar. Vielmehr wird anzunehmen sein, daß es genügt, wenn für die Aschenreste das Recht auf Beisetzung für eine Frist erworben wird, die in der maßgebenden Benützungsordnung überhaupt vorgesehen ist, sei es auch nur für die kürzeste Frist.

c. Beisetzungsort muß ein „öffentlicher Friedhof oder eine sonstige nach Art. 61 Abs. 1 Ziffer 2 des Polizeistrafgesetzbuchs zugelassene Bestattungsanlage" sein. Die angeführte Vorschrift lautet: „An Geld bis zu dreißig Talern [neunzig Mark] oder mit Haft bis zu dreißig Tagen wird gestraft: ... wer ohne Bewilligung der zuständigen Behörde eine Leiche an einem anderen Orte als auf einem öffentlichen Kirchhofe oder in einer besonderen gesetzlich zulässigen oder polizeilich genehmigten Gruft oder Begräbnisstätte beerdigt oder beerdigen läßt." Beisetzung in einer privaten Bestattungsanlage (etwa einem Garten) ist danach nicht unzulässig, verlangt aber Erlaubnis, die freilich nur in besondern Ausnahmefällen erteilt werden wird.

Die in § 4 genannte „besondere Bestattungsanlage" muß in Bayern liegen, da sonst auf Grund des bayerischen Rechts hiefür eine Zulassung gar nicht erfolgt sein kann; ob es sich nicht bloß um ein Versehen bei der Fassung der Vorschrift handelt — es ist an sich nicht einzusehen, weshalb Aschenreste nicht auch in einer außerbayerischen, nach dortigem Recht bewilligten Sonderanlage sollen beigesetzt werden dürfen —, lasse ich dahingestellt. Für den „öffentlichen Friedhof" besteht dagegen keinerlei Beschränkung nach der Lage, so daß auch Beisetzung auf einem ausländischen öffentlichen Friedhof und auf dem einer nichtchristlichen Religionsgemeinschaft genügt. Was im einzelnen Fall unter einem solchen zu verstehen sei, ist unter Berücksichtigung der gesetzlichen Bestimmungen und der Sitte in dem betreffenden Auslandstaat festzustellen.

Welcher Beisetzungsort im einzelnen gewählt werden soll, bestimmt der Bestattungspflichtige; es ist ihm auch nicht verboten, hierin zu wechseln, also etwa die Aschenreste in eine andre Stadt oder in einen andern Friedhof derselben Stadt überführen zu lassen. Schwierigkeiten können theoretisch entstehen, wenn keine Bestattungsanlage zur Aufnahme der Aschenreste bereit ist; praktisch wird das als völlig ausgeschlossen zu gelten haben. Es genügt die Hervorhebung, daß jedenfalls die Verwaltung der bayerischen Verbrennungsstätte, in der die Einäscherung erfolgte, nicht wegen § 4 verpflichtet ist, die Beisetzung zu gewähren, daß ein Anspruch hierauf vielmehr bloß unter den in Anm. 2 I zu besprechenden Voraussetzungen besteht (vgl. auch § 1 Anm. 1 I a Abs. 2).

d. Als Beisetzungsmittel ist nur „ein besonderer, amtlich zu verschließender Behälter" zulässig. Der Verschluß erfolgt nach Ziffer I 3 Abs. 7 der Vollzugsbekanntmachung durch die Verwaltung der bayerischen Einäscherungsstätte, die hiezu einen widerstandsfähigen, luft- und wasserdichten Metallbehälter zu verwenden hat, dessen Deckel in den untern Teil dichtschließend eingreift; die Trennfuge ist nach der Schließung des Deckels zu verlöten und mit dem amtlichen Siegel der Gemeinde zu versehen. Für den Fall, daß die Verbrennung außerhalb Bayerns erfolgte, fehlt jede Vorschrift; kommt die Asche schon in einem amtlich verschlossenen Behälter in Bayern an, so darf sie in diesem beigesetzt werden, außerdem wird die Verwaltung der Bestattungsanlage für verpflichtet zu erachten sein, gegen Ersatz der Auslagen selbst den Verschluß herzustellen.

Die Aschenreste jeder einzelnen Leiche sind in einem besondern Behälter unterzubringen; Vermengung der Reste mehrerer Leichen ist daher verboten. Kommen solche Aschenreste bereits vermengt nach Bayern, so dürfen sie hier überhaupt nicht beigesetzt werden.

Soweit Leichenasche mit der Eisenbahn befördert werden soll, bestand übrigens eine entsprechende Vorschrift schon bisher. Die sächsische Ministerialentschließung vom 15. Dezember 1899 (s. genauer über sie § 5 Anm. 1 II) teilt hierüber folgendes mit: „Seitens des Herrn Reichskanzlers sind die Regierungen derjenigen Bundesstaaten, in welchen Leichenverbrennungsanstalten bestehen, ersucht worden, die Verwaltungen dieser Anstalten anzuhalten, für die Verpackung der zum Weitertransport bestimmten Aschen in gut verschließbaren Behältnissen Sorge zu tragen".

II. Geltungsbereich der Vorschrift.

a. Räumlicher Geltungsbereich. Für die Anwendung des § 4 entscheidet die Tatsache, daß es sich um die Aschenreste einer eingeäscherten Leiche handelt; wo die Einäscherung erfolgte, ist bedeutungslos. Demgemäß muß die Vorschrift nicht nur dann beachtet werden, wenn die Leiche in Bayern verbrannt worden ist, sondern auch dann, wenn sie nach der Verbrennung nach Bayern überführt wurde.

b. Wegen des zeitlichen Geltungsbereichs s. § 6 Anm. 2 III.

III. Sicherung der Vorschrift. Für die Verwaltung der gemeindlichen Einäscherungsanlage folgt aus § 4 eine doppelte

Pflicht. Sie muß die Aschenreste amtlich in einem Behälter verschließen (s. Ziffer I d), und darf sie ohne diesen nicht abgeben; sie muß die Abgabe überhaupt verweigern, wenn ihr nicht glaubhaft nachgewiesen ist, daß die Beisetzung in der vorgeschriebenen Weise erfolgen wird. Ob der Nachweis genügt, hat die Gemeindebehörde nach freiem Ermessen zu entscheiden; irgendeine Form ist nicht angeordnet. Nur wird in der Vollzugsbekanntmachung darauf hingewiesen, daß es unter Umständen zweckmäßig ist, die Aschenreste unmittelbar an die Verwaltung der Bestattungsanlage zu senden, wo die Beisetzung erfolgen soll; eine Pflicht hiezu besteht um so weniger, als unter Umständen ein Ersatz für die entstehenden Transportkosten nicht zu erlangen ist.

Für den Fall, daß der Nachweis nicht erbracht wird oder daß die Aschenreste überhaupt von niemand verlangt werden, fehlt jede Vorschrift. Wenigstens nach dem Grundgedanken der Bestimmung hat dann die bezeichnete Verwaltung dafür Sorge zu tragen, daß die Aschenreste in einer nicht unwürdigen Weise verwahrt werden; zu einer „Beisetzung" (s. Ziffer I b) ist sie dagegen nicht verpflichtet, da sich § 4 offenbar nicht gegen sie, sondern gegen den Bestattungspflichtigen wendet.

2. **Beisetzungsrecht für Aschenreste.** In Bayern fehlt eine Vorschrift nach der Art von Braunschweig § 14, daß „die Beisetzung der Aschenreste verbrannter Leichen in der Erde auf den Friedhöfen aller Religionsgemeinschaften und den sonstigen Friedhöfen zu gestatten sei, wenn die Beerdigung der Leiche auf ihnen hätte beansprucht werden können". Es erklärt nur Ziffer III 1 Abs. 2 der Vollzugsbekanntmachung, ob und an welchem Platz die Beisetzung von Aschenresten auf einem öffentlichen Friedhof zulässig sei, bestimme die Körperschaft, der das Verfügungsrecht über die Friedhofanlage zustehe.

I. Beisetzungsrecht auf den gemeindlichen Friedhöfen. Diese sind Gemeindeanstalten im Sinn der Gemeindeordnungen. Das Recht auf ihre Benützung richtet sich in erster Linie nach der gemeindlichen Benützungsordnung, in zweiter Linie nach Art. 19 Abs. 2 Ziffer 4 der rechtsrheinischen Gemeindeordnung, wonach der Gemeindebürger das Recht genießt, die Gemeindeanstalten zu benützen; die Befugnis des Bürgers kann also auch durch die Benützungsordnung nicht ausgeschlossen werden, wobei aber als der berechtigte Bürger nicht der Verstorbene in Betracht kommt, da ein Toter kein Recht auszuüben vermag, sondern der Bestattungspflichtige. Das Maß der Benützungsrechte bestimmt jedoch in allen Fällen, auch gegenüber den Bürgern, die Benützungsordnung, so daß diese die zulässige Beisetzungsart allein regelt; sie kann für den einen Friedhof die Beerdigung von Leichen völlig ausschließen (Urnenfriedhof), für den andern diese allein zulassen. Wenn danach die Beisetzung von Aschenüberresten auf dem gemeindlichen Friedhof überhaupt zulässig ist, hat der Bürger ausnahmslos, jeder andre Bestattungspflichtige dann, wenn die Benützungsordnung nichts Gegenteiliges vorschreibt, einen Rechtsanspruch auf solche Beisetzung, der im Steitfall nach Art. 8 Ziffer 31 des Verwaltungsgerichtsgesetzes (als Streit über „Benützung der Gemeindeanstalten") im Verwaltungsrechtsverfahren zu entscheiden ist. In diesem Sinn allein darf auch der oben angeführte Satz aus der Vollzugsbekanntmachung aufgefaßt werden, nicht in dem Sinn, daß die Gemeinde als Eigentümerin des Friedhofes in jedem einzelnen Fall nach freiem Ermessen über Aufnahme oder Nichtaufnahme zu befinden vermöchte.

Dagegen kann aus dem § 4 der oberpolizeilichen Vorschriften keine Pflicht der Gemeinden abgeleitet werden, die Beisetzung von Aschenüberresten auf ihren Friedhöfen zuzulassen oder gar einen eigenen Urnenfriedhof zu eröffnen (vgl. auch Anm. 1 I c am Schluß). Ob das erstere nicht eine Lücke ist, lasse ich dahingestellt.

II. Beisetzungsrecht auf den kirchlichen Friedhöfen. Soweit es sich nicht um sog. Simultankirchhöfe handelt (d. h. solche, die auf Grund der Verfassungsurkunde von mehreren Religionsgemeinschaften benützt werden dürfen) entscheidet das Verfügungsrecht des Eigentümers; das ist wohl fast immer die Kirchenstiftung. Irgendein vom staatlichen Recht geordnetes Rechtsmittel gibt es gegen den Ausschluß der Beisetzung von Aschenresten an sich nicht. Wird diese aber von der Kirchenverwaltung als der Vertreterin des ortskirchlichen Stiftungsvermögens durch Ortskirchensatzung überhaupt zugelassen (s. dazu Art. 6, 53 der Kirchengemeindeordnung vom 24. September 1912), so besteht auch hier ein vor den staatlichen Behörden verfolgbarer Anspruch darauf, daß dies im einzelnen Fall geschehe, wie Art. 10 Ziffer 13 des Verwaltungsgerichtsgesetzes („Anspruch aus dem Kirchenverband") ergibt; Voraussetzung für einen Erfolg ist natürlich, daß die materiellen Erfordernisse, insbesondere die Zugehörigkeit zum Kirchenverband, gegeben sind.

Ein gesetzliches Gemeinschaftsverhältnis an Kirchhöfen wird durch § 100 des Religionsedikts geschaffen, wonach dann, wenn ein Religionsteil einen eigenen Kirchhof nicht besitzt, der im Ort befindliche als ein gemeinschaftlicher Begräbnisplatz für sämtliche Einwohner des Ortes zu betrachten ist. Hiedurch erhalten jedoch die Andersgläubigen bloß einen Rechtsanspruch darauf, den Kirchhof der andern Religionspartei nur überhaupt benützen zu dürfen, dagegen nicht darauf, daß sie das in weiterm Umfang tun können, als die Angehörigen der Religionsgemeinschaft selbst, für die der Friedhof zunächst bestimmt ist. Demgemäß kommt man auch hier zu demselben Ergebnis wie vorher. Die Möglichkeit verwaltungsrechtlicher Sicherung des aus dem Simultanverhältnis entspringenden Anspruchs bietet Art. 10 Ziffer 11 des Verwaltungsgerichtsgesetzes.

3. Strafrechtlicher Schutz der beigesetzten Aschenreste. Nach § 168 des Reichsstrafgesetzbuchs wird mit Gefängnis bis zu 2 Jahren bestraft, wer unbefugt ein Grab zerstört oder beschädigt, oder wer an einem Grab beschimpfenden Unfug verübt. Da das Gesetz nicht weiter unterscheidet und den Begriff nicht auf solche Stätten einengt, die eine Leiche bergen, ist als Grab auch die Stelle zu betrachten, wo die Aschenreste niedergelegt sind, ohne Unterschied, ob das in der Erde oder in einer freistehenden Urne geschah, und im zweiten Fall, ob diese sich auf einem Erdgrab oder in einer Urnenhalle befindet (so auch Olshausen, Kommentar zum Strafgesetzbuch 9. Auflage § 168 N. 6a, Bd. 1 S. 662). Zum Grab gehört alles, was mit der Ruhestätte in einem festen (organischen oder künstlichen) Zusammenhang steht, insbesondere die Asche selbst, die Urne, die sonstigen Erinnerungszeichen und der Blumenschmuck.

Im Hinblick auf den Beisetzungszwang kann auch § 133 Abs. 1 des Reichsstrafgesetzbuchs in Frage kommen, wonach mit Gefängnis bestraft wird, wer einen Gegenstand vorsätzlich vernichtet, beiseite schafft oder beschädigt, der sich zur amtlichen Aufbewahrung an einem dazu bestimmten Ort befindet oder einem Beamten oder einem Dritten amtlich übergeben worden ist; das letztere wird namentlich dann angenommen werden müssen, wenn die Verwaltung der Einäscherungsstätte die Aschenreste unmittelbar an die Verwaltung der Bestattungsanlage überschickt hat (s. Anm. 1 III).

§ 5.

Die Vorschriften über die Beförderung von Leichen und über die Behandlung von Leichen der an ansteckenden Krankheiten verstorbenen Personen bleiben unberührt. Die Vorschriften über die Leichenschau und die Zeit der Beerdigung finden auf Leichen, die der Feuerbestattung zugeführt werden, entsprechende Anwendung, doch ersetzt die nach § 2 Abs. II Ziff. 2 vorzunehmende amtsärztliche Untersuchung die zweite Leichenschau.

Anwendbarkeit sonstiger Vorschriften.

Zu vergleichen: Hamburg § 2 Abs. 3, Lübeck § 2 Abs. 2, Sachsen § 13.

1. Die Vorschriften über die Beförderung von Leichen und von Leichenasche.

I. Die Vorschriften über die Beförderung von Leichen.

a. Als gesetzliche Grundlage kommt in Betracht Artikel 61 Abs. 1 Ziffer 1 des Polizeistrafgesetzbuchs, der lautet: „An Geld bis zu dreißig Talern [neunzig Mark] oder mit Haft bis zu dreißig Tagen wird gestraft: 1. wer ohne Einwilligung der zuständigen Behörde eine Leiche vom Sterbeorte an einen anderen als den ordnungsgemäßen Ort der Beerdigung verbringt oder verbringen läßt oder den bei Erteilung der Bewilligung getroffenen polizeilichen Anordnungen zuwiderhandelt".

Die Bestimmung ist nur anwendbar, wenn der Tod in einer andern Gemeinde als der des Einäscherungsortes eintrat; im andern Fall ist ein Leichenpaß nicht erforderlich. Siehe hierüber meine Abhandlung „Der Begriff des Ortes im Rechtssinn, insbesondere im Sinn des Polizeistrafgesetzbuchs" in der Zeitschrift für Rechtspflege in Bayern 1913 Nr. 1 und 2, namentlich S. 40.

b. Zum Vollzug der Bestimmung ergingen die oberpolizeilichen Vorschriften vom 17. Februar 1888, die Beförderung von Leichen betr. (Gesetz- und Verordnungsblatt S. 123); sie wurden teilweise geändert durch die Ministerial-Bekanntmachungen vom 19. November 1902 (ebenda S. 706) und vom 23. April 1907 (ebenda S. 242). Für die Beförderung von Leichen auf dem Seeweg sind die Ministerialbekanntmachungen vom 9. April 1906 (ebenda S. 165) und vom 10. November 1909 (ebenda S. 843) zu beachten. Wegen aller Einzelheiten dieser Bestimmungen kann auf Grill, Leichen- und Begräbnispolizei in Bayern (2. Aufl. S. 42 ff.) verwiesen werden. Hier ist zunächst nur hervorzuheben, daß zur Ausstellung des Leichenpasses in Bayern die Distriktspolizeibehörde (unmittelbarer Stadtmagistrat, Bezirksamt oder exponierter Bezirksamtsassessor, in München Polizeidirektion) zuständig ist, in deren Bezirk der Sterbeort liegt.

Besondere Untersuchung macht die Tatsache nötig, daß die zu erwirkenden Nachweise nicht völlig mit denen übereinstimmen, die § 2 Abs 2 der oberpolizeilichen Vorschriften über die Feuerbestattung verlangt. Gleich ist nur der beglaubigte Auszug aus dem Sterberegister und im Fall des § 157 der Strafprozeßordnung die schriftliche Genehmigung des Staatsanwalts oder Amtsrichters.

Bezüglich der Bescheinigung des Amtsarztes dagegen wird verlangt „eine nach Anhörung des behandelnden Arztes und nach Vorlage des vorschriftsmäßigen Leichenschauscheins ausgestellte Bescheinigung des beamteten Arztes über die Todesursache, sowie darüber, daß seiner Ueberzeugung nach der Beförderung der Leiche gesundheitspolizeiliche Bedenken nicht entgegenstehen"; die Feststellung für die Transporterlaubnis enthält demnach zugleich das in § 2 Ziffer 2 vorgeschriebene Zeugnis („über die Todesursache“), so daß für die Verbrennungsgenehmigung eine neue Bescheinigung dann nicht notwendig ist, wenn die bezeichnete Feststellung durch den nach der Vollzugsbekanntmachung (II Absatz 3 Ziffer 2) zuständigen Amtsarzt erfolgt ist und der Ortspolizeibehörde des Einäscherungsortes vorgelegt wird (s. dazu § 2 Anm. 5 II). Demnach empfiehlt sich zur Vermeidung doppelter Gebührenzahlung für die Hinterbliebenen in allen Fällen, wo eine Leiche zur Feuerbestattung überführt wird, der Antrag, daß die amtsärztliche Bescheinigung durch den Landgerichtsarzt erteilt werde, falls dieser am Sterbeort seinen Dienstsitz hat (und nur dann, wenn dies nicht zutrifft, durch den Bezirksarzt), sowie daß die Distriktspolizeibehörde des Sterbeortes die Bescheinigung an die Ortspolizeibehörde des Einäscherungsortes in Urschrift mitüberschickt. Allerdings weist § 46 der Bekanntmachung des Ministeriums des Innern vom 23. Januar 1912 über den bezirksärztlichen Dienst (Amtsblatt S. 153) die Ausstellung der amtsärztlichen Bescheinigungen bei Leichenüberführung gerade dem Bezirksarzt, nicht dem Landgerichtsarzt zu; allein es kann unmöglich in der Absicht des Ministeriums liegen, daß über die Todesursache von zwei Amtsärzten zwei selbständige Gutachten abgegeben werden müssen, so daß insoweit die oberpolizeilichen Vorschriften eine Aenderung der genannten Bekanntmachung enthalten dürften. Ganz selbständig besteht endlich als Voraussetzung für Erteilung des Leichenpasses das Erfordernis eines Ausweises darüber, in welcher Weise die Einsargung der Leiche entsprechend den Bestimmungen stattgefunden hat, welche die Ministerialbekanntmachung vom 17. Februar 1888 hierüber aufstellte (s. dagegen § 2 Anm. 5 III Eingang). Diese Vorschriften — sie wurden auf S. 5 abgedruckt — sind vielfach anders wie die der Vollzugsbekanntmachung vom 28. Dezember 1912 (Ziffer I 3 Abs. 6), lassen sich jedoch mit ihnen bei entsprechender Aufmerksamkeit dann vereinen, wenn weder von der Erleichterung des § 3 Abs. 2 der Bekanntmachung von 1888 noch von der Ermächtigung in der angeführten Vollzugsbekanntmachung Gebrauch gemacht wird, wonach zum eigentlichen Sarg statt Zinkblech auch Holz verwendet werden darf.

c. Neben diesen allgemeinen Bestimmungen bestanden schon bisher besondere (erleichternde) Vorschriften über den Transport einer Leiche zur Feuerbestattung, die aufrecht erhalten bleiben; sie beziehen sich auf die Beförderung mit der Eisenbahn (§§ 44 ff. der Eisenbahnverkehrsordnung vom 23. Dezember 1908, Reichsgesetzblatt 1909 S. 93, bayerisches Gesetz- und Verordnungsblatt 1909 S. 29). § 45 Abs. 2 lautet: „Jeder Sendung ist ein Begleiter beizugeben, der eine Fahrkarte zu lösen und denselben Zug zu benutzen hat. Begleitung ist nicht erforderlich, wenn der

Bestimmungsort eine Eisenbahnstation ist und der Absender bei der Aufgabestation die schriftliche oder telegraphische Erklärung des Empfängers hinterlegt, daß er die Sendung sofort nach Empfang der Nachricht von ihrem Eintreffen abholen lassen wird. Bei Sendungen an Beerdigungs- und an Leichenverbrennungsanstalten ist diese Erklärung nicht erforderlich."

In Uebereinstimmung hiemit erklärt § 6 Abs. 2 der oberpolizeilichen Vorschriften des bayerischen Ministeriums des Innern vom 17. Februar 1888 in der Fassung der Ministerialbekanntmachung vom 19. November 1902 (s. oben Buchst. b Abs. 1): „Bei Sendungen an Leichenverbrennungsanstalten und an Beerdigungsinstitute genügt es, wenn diese eine derartige Verpflichtung [nämlich die Leiche sofort abholen zu lassen] gegenüber der Eisenbahn in allgemeiner Form übernommen haben". Für welche Einäscherungsanlagen außerhalb Bayerns das zutrifft, wurde durch folgende Bekanntmachungen des Ministeriums des Innern mitgeteilt: vom 23. November 1902 (Amtsblatt S. 599), vom 31. Dezember 1902 (Amtsblatt 1903 S. 3), vom 24. Januar 1903 (Amtsblatt S. 61), vom 8. Mai 1903 (Amtsblatt S. 194), vom 5. September 1903 (Amtsblatt S. 393), vom 11. April 1905 (Amtsblatt S. 127), vom 29. September 1905 (Amtsblatt S. 486), vom 15. Februar 1906 (Amtsblatt S. 82), vom 22. März 1906 (Amtsblatt S. 113) und vom 29. Dezember 1908 (Amtsblatt 1909 S. 4).

II. Für den Transport der Aschenüberreste bestehen nur die folgenden Vorschläge des Reichskanzlers (des Reichsamts des Innern), die von den einzelnen Bundesregierungen an ihre untergeordneten Behörden als zu beachtende Weisungen bekanntgegeben worden sind, so von der sächsischen mit Erlaß des Ministeriums des Innern vom 15. Dezember 1899 (abgedruckt in Regers Entscheidungen der Gerichte und Verwaltungsbehörden Bd. 20 S. 486; vgl. auch § 4 Anm. 1 I d Abs. 3):

„In neuerer Zeit ist die Frage von praktischer Bedeutung geworden, wie sich die Behörden gegenüber dem Versand der Asche von Leichen, die in Krematorien verbrannt worden sind, zu verhalten haben.

Vom gesundheitspolizeilichen Standpunkt erscheinen Vorsichtsmaßregeln bei sachgemäß vorgenommener Verbrennung nicht erforderlich, da die organischen Leichenbestandteile einschließlich etwa vorhandener Krankheitserreger durch den Verbrennungsvorgang sicher vernichtet werden und nur trockene unorganische (mineralische) Stoffe, d. h. Asche, zurückbleiben. Immerhin aber wird aus praktischen Gründen zu verlangen sein, daß der Versand in Behältnissen erfolgt, die gut verschlossen sind . . . .

Was die Aschentransporte aus dem Auslande betrifft, so ist den kaiserlichen Konsularbehörden vom Herrn Reichskanzler eröffnet worden, daß es sich zur Vermeidung von Weitläufigkeiten an der Grenze empfiehlt, den Sendungen ein ihren Inhalt beglaubigendes Attest beizufügen und auf die Verwendung eines gut schließenden Behälters bedacht zu sein.

Den Aschentransporten werden hienach, sofern sie von inländischen Verbrennungsanstalten ausgehen, oder sofern sie vom Ausland eintreffen und mit einem konsularischen Begleitattest des bezeichneten Inhalts versehen sind, vom gesundheitlichen Standpunkt aus Beschränkungen nicht aufzuerlegen sein. Insbesondere finden die Vorschriften über Leichentransporte und über die Ausstellung von Leichenpässen auf Aschentransporte nicht Anwendung".

2. **Die Vorschriften über die Behandlung von Leichen der an ansteckenden Krankheiten verstorbenen Personen.** Sie sind enthalten in § 21 des Reichsgesetzes vom 30. Juni 1900, betr. die Bekämpfung gemeingefährlicher Krankheiten (Reichsgesetzblatt S. 311) mit den dazu ergangenen Ausführungsbestimmungen und in Art. 67 Abs. 2 des bayerischen Polizeistrafgesetzbuchs mit § 19 der Ministerialbekanntmachung vom 9. Mai 1911 über die Bekämpfung gemeingefährlicher Krankheiten (Gesetz- und Verordnungsblatt S. 425).

3. **Die Vorschriften über die Leichenschau und die Zeit der Beerdigung** wurden getroffen durch die oberpolizeilichen Vorschriften vom 20. November 1885 (Gesetz- und Verordnungsblatt S. 655) mit Aenderungen vom 6. November 1887 (ebenda S. 690) und vom 28. März 1907 (ebenda S. 227). Deren § 7 Abs. 1 Satz 2 ist jedoch dahin geändert, daß für Leichen, die zur Feuerbestattung kommen, die amtsärztliche Untersuchung nach § 2 Abs. 2 Ziffer 2 der oberpolizeilichen Vorschriften von 1912 die zweite Leichenschau ersetzt. Abgedruckt sind die angeführten Bestimmungen bei Grill, Leichen- und Begräbnispolizei S. 19 ff.

§ 6.

Die Vorschriften treten am fünfzehnten Tage nach der Veröffentlichung im Gesetz- und Verordnungsblatte in Kraft.

Inkrafttreten und Uebergangsrecht.

1. **In Kraft getreten** sind die oberpolizeilichen Vorschriften am 14. Januar 1913, da die Nr. 87 des Gesetz- und Verordnungsblattes, in der sie erschienen, vom 30. Dezember 1912 datiert ist.

2. **Uebergangsrecht.** Jede gesetzliche oder auf Grund eines Gesetzes erlassene Bestimmung ergreift dann, wenn sie nicht in zulässiger Weise etwas anderes bestimmt, alle von ihr getroffenen Tatbestände, die entstanden, nachdem sie in Kraft getreten war, während sie auf die vorher bereits abgeschlossenen keine Wirkung übt (keine rückwirkende Kraft ohne ausdrückliche Anordnung). Bei Anwendung dieses Grundsatzes auf das Feuerbestattungsrecht ist zu beachten, daß der maßgebende Tatbestand keinesfalls der Tod der zu verbrennenden Person ist. Im einzelnen muß zwischen dem dreifachen Hauptinhalt der oberpolizeilichen Vorschriften (§ 1, §§ 2 und 3, § 4) unterschieden werden.

I. Durch § 1 wird unter dem Gesichtspunkt des Feuerbestattungsrechts neu bloß die Notwendigkeit der Feststellung durch die Kreisregierung eingeführt; das Wesen der Feststellung besteht nach der Vorschrift selbst darin, daß vorher die Anlage nicht in Betrieb genommen werden darf (s. § 1 Anm. 2 II). Wenn sie bereits nach dem bisherigen bayerischen Recht, das ein solches Erfordernis nicht kannte (dazu die Einleitung S. 16), ordnungsmäßig benützt worden war, ist daher eine Feststellung weder nötig noch zulässig, da diese gegenüber einem in der Vergangenheit liegenden, schon vollendeten Tatbestand getroffen würde. Bedeutung hat das nur für die Einäscherungsstätte in München, und zwar nur für die zurzeit bestehende, während dann, wenn dort eine neue auf einem andern Friedhof oder an einer andern Stelle desselben Friedhofs errichtet werden sollte, § 1 zur Anwendung gelangt.

II. Die §§ 2 und 3 verlangen Genehmigung für jede einzelne Einäscherung. Der entscheidende Tatbestand ist hier die Feuerbestattung, weshalb es nur darauf ankommt, daß diese nach Ablauf des 13. Januar 1913 stattfindet; dagegen wird die Anwendbarkeit der Vorschrift nicht dadurch ausgeschlossen, daß der Tod vor dem 14. Januar 1913 eintrat oder daß die Feuerbestattungsanordnung vorher getroffen wurde. S. hierüber auch § 2 Anm. 5 I b.

III. Wenn § 4 Bestimmungen über die Beisetzung der Aschenreste einer eingeäscherten Leiche trifft, so könnte sich das nach dem Wortlaut an sich schrankenlos auf die Ueberreste auch solcher Leichen beziehen, die vor dem 14. Januar 1913 verbrannt wurden. Allein das würde in derartiger Allgemeinheit eine Rückwirkung darstellen, die ohne besondere Anordnung nicht angenommen werden kann (s. oben). Vielmehr hat die Entscheidung darauf zu beruhen, daß die hier maßgebende Tatsache die Beisetzung ist und daß als solche auch die Aufbewahrung der Asche in einem Privatraum, die Beerdigung in einem Garten usw. (vgl. dazu § 4 Anm. 1 Eingang) erscheint. Ist vor dem 14. Januar 1913 eine Beisetzung in irgendeiner Weise schon erfolgt, so hat es dabei sein Bewenden, und § 4 ist unanwendbar; andernfalls muß er aber auch dann beachtet werden, wenn die Verbrennung der Leiche selbst vor dem genannten Zeitpunkt vorgenommen wurde. Wenn also eine Leiche am 13. Januar 1913 in München eingeäschert und die Asche am gleichen Tag von den Hinterbliebenen in ihrer Wohnung aufgestellt wurde, so wird hieran nichts geändert; wenn die Einäscherung zur selben Stunde in Hamburg stattfand und die Asche am Tag darauf in Bayern eintraf, ist dagegen nach § 4 zu verfahren.

D. Die gesetzlichen Bestimmungen über Errichtung einer letztwilligen Verfügung.

I. Ueber Errichtung eines Testaments.

1. Die Bestimmungen des Bürgerlichen Gesetzbuchs.

§ 2229. Wer in der Geschäftsfähigkeit beschränkt ist, bedarf zur Errichtung eines Testaments nicht der Zustimmung seines gesetzlichen Vertreters.

Ein Minderjähriger kann ein Testament erst errichten, wenn er das sechzehnte Lebensjahr vollendet hat.

Wer wegen Geistesschwäche, Verschwendung oder Trunksucht entmündigt ist, kann ein Testament nicht errichten. Die Unfähigkeit tritt schon mit der Stellung des Antrags ein, auf Grund dessen die Entmündigung erfolgt.

§ 2230. Hat ein Entmündigter ein Testament errichtet, bevor der die Entmündigung aussprechende Beschluß unanfechtbar geworden ist, so steht die Entmündigung der Gültigkeit des Testaments nicht entgegen, wenn der Entmündigte noch vor dem Eintritte der Unanfechtbarkeit stirbt.

Das gleiche gilt, wenn der Entmündigte nach der Stellung des Antrags auf Wiederaufhebung der Entmündigung ein Testament errichtet und die Entmündigung dem Antrage gemäß wieder aufgehoben wird.

§ 2231. Ein Testament kann in ordentlicher Form errichtet werden:
1. vor einem Richter oder vor einem Notar;
2. durch eine von dem Erblasser unter Angabe des Ortes und Tages eigenhändig geschriebene und unterschriebene Erklärung.

§ 2232. Für die Errichtung eines Testaments vor einem Richter oder vor einem Notar gelten die Vorschriften der §§ 2233 bis 2246.

§ 2233. Zur Errichtung des Testaments muß der Richter einen Gerichtsschreiber oder zwei Zeugen, der Notar einen zweiten Notar oder zwei Zeugen zuziehen.

§ 2234. Als Richter, Notar, Gerichtsschreiber oder Zeuge kann bei der Errichtung des Testaments nicht mitwirken:
1. der Ehegatte des Erblassers, auch wenn die Ehe nicht mehr besteht;
2. wer mit dem Erblasser in gerader Linie oder im zweiten Grade der Seitenlinie verwandt oder verschwägert ist.

§ 2235. Als Richter, Notar, Gerichtsschreiber oder Zeuge kann bei der Errichtung des Testaments nicht mitwirken, wer in dem Testamente bedacht wird oder wer zu einem Bedachten in einem Verhältnisse der in § 2234 bezeichneten Art steht.

Die Mitwirkung einer hiernach ausgeschlossenen Person hat nur zur Folge, daß die Zuwendung an den Bedachten nichtig ist.

§ 2236. Als Gerichtsschreiber oder zweiter Notar oder Zeuge kann bei der Errichtung des Testaments nicht mitwirken, wer zu dem Richter oder dem beurkundenden Notar in einem Verhältnisse der im § 2234 bezeichneten Art steht.

§ 2237. Als Zeuge soll bei der Errichtung des Testaments nicht mitwirken:
1. ein Minderjähriger;
2. wer der bürgerlichen Ehrenrechte für verlustig erklärt ist, während der Zeit, für welche die Aberkennung der Ehrenrechte erfolgt ist;
3. wer nach den Vorschriften der Strafgesetze unfähig ist, als Zeuge eidlich vernommen zu werden;
4. wer als Gesinde oder Gehilfe im Dienste des Richters oder des beurkundenden Notars steht.

§ 2238. Die Errichtung des Testaments erfolgt in der Weise, daß der Erblasser dem Richter oder dem Notar seinen letzten Willen mündlich erklärt oder eine

Schrift mit der mündlichen Erklärung übergibt, daß die Schrift seinen letzten Willen enthalte. Die Schrift kann offen oder geschlossen übergeben werden. Sie kann von dem Erblasser oder von einer anderen Person geschrieben sein.

Wer minderjährig ist oder Geschriebenes nicht zu lesen vermag, kann das Testament nur durch mündliche Erklärung errichten.

§ 2239. Die bei der Errichtung des Testaments mitwirkenden Personeu müssen während der ganzen Verhandlung zugegen sein.

§ 2240. Ueber die Errichtung des Testaments muß ein Protokoll in deutscher Sprache aufgenommen werden.

§ 2241. Das Protokoll muß enthalten:

1. Ort und Tag der Verhandlung;
2. die Bezeichnung des Erblassers und der bei der Verhandlung mitwirkenden Personen;
3. die nach § 2238 erforderlichen Erklärungen des Erblassers und im Falle der Uebergabe einer Schrift die Feststellung der Uebergabe.

§ 2242. Das Protokoll muß vorgelesen, von dem Erblasser genehmigt und von ihm eigenhändig unterschrieben werden. Im Protokolle muß festgestellt werden, daß dies geschehen ist. Das Protokoll soll dem Erblasser auf Verlangen auch zur Durchsicht vorgelegt werden.

Erklärt der Erblasser, daß er nicht schreiben könne, so wird seine Unterschrift durch die Feststellung dieser Erklärung im Protokoll ersetzt.

Das Protokoll muß von den mitwirkenden Personen unterschrieben werden.

§ 2243. Wer nach der Ueberzeugung des Richters oder des Notars stumm oder sonst am Sprechen verhindert ist, kann das Testament nur durch Uebergabe einer Schrift errichten. Er muß die Erklärung, daß die Schrift seinen letzten Willen enthalte, bei der Verhandlung eigenhändig in das Protokoll oder auf ein besonderes Blatt schreiben, das dem Protokoll als Anlage beigefügt werden muß.

Das eigenhändige Niederschreiben der Erklärung sowie die Ueberzeugung des Richters oder des Notars, daß der Erblasser am Sprechen verhindert ist, muß im Protokolle festgestellt werden. Das Protokoll braucht von dem Erblasser nicht besonders genehmigt zu werden.

§ 2244. Erklärt der Erblasser, daß er der deutschen Sprache nicht mächtig sei, so muß bei der Errichtung des Testaments ein vereidigter Dolmetscher zugezogen werden. Auf den Dolmetscher finden die nach den §§ 2234 bis 2237 für einen Zeugen geltenden Vorschriften entsprechende Anwendung.

Das Protokoll muß in die Sprache, in der sich der Erblasser erklärt, übersetzt werden. Die Uebersetzung muß von dem Dolmetscher angefertigt oder beglaubigt und vorgelesen werden; die Uebersetzung muß dem Protokoll als Anlage beigefügt werden.

Das Protokoll muß die Erklärung des Erblassers, daß er der deutschen Sprache nicht mächtig sei, sowie den Namen des Dolmetschers und die Feststellung enthalten, daß der Dolmetscher die Uebersetzung angefertigt oder beglaubigt und sie vorgelesen hat. Der Dolmetscher muß das Protokoll unterschreiben.

§ 2245. Sind sämtliche mitwirkende Personen ihrer Versicherung nach der Sprache, in der sich der Erblasser erklärt, mächtig, so ist die Zuziehung eines Dolmetschers nicht erforderlich.

Unterbleibt die Zuziehung eines Dolmetschers, so muß das Protokoll in der fremden Sprache aufgenommen werden und die Erklärung des Erblassers, daß er der deutschen Sprache nicht mächtig sei, sowie die Versicherung der mitwirkenden Personen, daß sie der fremden Sprache mächtig seien, enthalten. Eine deutsche Uebersetzung soll als Anlage beigefügt werden.

§ 2246. Das über die Errichtung des Testaments aufgenommene Protokoll soll nebst Anlagen, insbesondere im Falle der Errichtung durch Uebergabe einer Schrift nebst dieser Schrift, von dem Richter oder dem Notar in Gegenwart der übrigen mitwirkenden Personen und des Erblassers mit dem Amtssiegel verschlossen, mit einer das Testament näher bezeichnenden Aufschrift, die von dem Richter oder dem Notar zu unterschreiben ist, versehen und in besondere amtliche Verwahrung gebracht werden.

Dem Erblasser soll über das in amtliche Verwahrung genommene Testament ein Hinterlegungsschein erteilt werden.

§ 2247. Wer minderjährig ist, oder Geschriebenes nicht zu lesen vermag, kann ein Testament nicht nach § 2231 Nr. 2 errichten.

§ 2248. Ein nach § 2231 Nr. 2 errichtetes Testament ist auf Verlangen des Erblassers in amtliche Verwahrung zu nehmen. Die Vorschrift des § 2246 Abs. 2 findet Anwendung.

§ 2249. Ist zu besorgen, daß der Erblasser früher sterben werde, als die Errichtung eines Testaments vor einem Richter oder vor einem Notar möglich ist, so kann er das Testament vor dem Vorsteher der Gemeinde, in der er sich aufhält, oder, falls er sich in dem Bereich eines durch Landesgesetz einer Gemeinde gleichgestellten Verbandes oder Gutsbezirkes aufhält, vor dem Vorsteher dieses Verbandes oder Bezirkes errichten. Der Vorsteher muß zwei Zeugen zuziehen. Die Vorschriften der §§ 2234 bis 2246 finden Anwendung; der Vorsteher tritt an die Stelle des Richters oder des Notars.

Die Besorgnis, daß die Errichtung eines Testaments vor einem Richter oder vor einem Notar nicht mehr möglich sein werde, muß im Protokolle festgestellt werden. Der Gültigkeit des Testaments steht nicht entgegen, daß die Besorgnis nicht begründet war.

§ 2250. Wer sich an einem Orte aufhält, der infolge des Ausbruchs einer Krankheit oder infolge sonstiger außerordentlicher Umstände dergestalt abgesperrt ist, daß die Errichtung eines Testaments vor einem Richter oder vor einem Notar nicht möglich oder erheblich erschwert ist, kann das Testament in der durch den § 2249 Abs. 1 bestimmten Form oder durch mündliche Erklärung vor drei Zeugen errichten.

Wird die mündliche Erklärung vor drei Zeugen gewählt, so muß über die Errichtung des Testaments ein Protokoll aufgenommen werden. Auf die Zeugen finden die Vorschriften der §§ 2234, 2235 und des § 2237 Nr. 1 bis 3, auf das Protokoll finden die Vorschriften der §§ 2240 bis 2242, 2245 Anwendung. Unter Zuziehung eines Dolmetschers kann ein Testament in dieser Form nicht errichtet werden.

§ 2251. Wer sich während einer Seereise an Bord eines deutschen, nicht zur Kaiserlichen Marine gehörigen Fahrzeugs außerhalb eines inländischen Hafens befindet, kann ein Testament durch mündliche Erklärung vor drei Zeugen nach § 2250 errichten.

§ 2252. Ein nach § 2249, § 2250 oder § 2251 errichtetes Testament gilt als nicht errichtet, wenn seit der Errichtung drei Monate verstrichen sind und der Erblasser noch lebt.

Beginn und Lauf der Frist sind gehemmt, solange der Erblasser außerstande ist, ein Testament vor einem Richter oder vor einem Notar zu errichten.

Tritt im Falle des § 2251 der Erblasser vor dem Ablaufe der Frist eine neue Seereise an, so wird die Frist dergestalt unterbrochen, daß nach der Beendigung der neuen Reise die volle Frist von neuem zu laufen beginnt.

Wird der Erblasser nach dem Ablaufe der Frist für tot erklärt, so behält das Testament seine Kraft, wenn die Frist zu der Zeit, zu welcher der Erblasser den vorhandenen Nachrichten zufolge noch gelebt hat, noch nicht verstrichen war.

§ 2253. Ein Testament, sowie eine einzelne in einem Testament enthaltene Verfügung kann von dem Erblasser jederzeit widerrufen werden.

Die Entmündigung des Erblassers wegen Geistesschwäche, Verschwendung oder Trunksucht steht dem Widerruf eines vor der Entmündigung errichteten Testaments nicht entgegen.

§ 2254. Der Widerruf erfolgt durch Testament.

§ 2255. Ein Testament kann auch dadurch widerrufen werden, daß der Erblasser in der Absicht, es aufzuheben, die Testamentsurkunde vernichtet oder an ihr Veränderungen vornimmt, durch die der Wille, eine schriftliche Willenserklärung aufzuheben, ausgedrückt zu werden pflegt.

Hat der Erblasser die Testamentsurkunde vernichtet oder in der bezeichneten Weise verändert, so wird vermutet, daß er die Aufhebung des Testaments beabsichtigt habe.

§ 2256. Ein vor einem Richter oder vor einem Notar oder nach § 2249 errichtetes Testament gilt als widerrufen, wenn die in amtliche Verwahrung genommene Urkunde dem Erblasser zurückgegeben wird.

Der Erblasser kann die Rückgabe jederzeit verlangen. Die Rückgabe darf nur an den Erblasser persönlich erfolgen.

Die Vorschriften des Abs. 2 gelten auch für ein nach § 2248 hinterlegtes Testament; die Rückgabe ist auf die Wirksamkeit des Testaments ohne Einfluß.

§ 2257. Wird der durch Testament erfolgte Widerruf einer letztwilligen Verfügung widerrufen, so ist die Verfügung wirksam, wie wenn sie nicht widerrufen worden wäre.

§ 2258. Durch die Errichtung eines Testaments wird ein früheres Testament insoweit aufgehoben, als das spätere Testament mit dem früheren in Widerspruch steht.

Wird das spätere Testament widerrufen, so ist das frühere Testament in gleicher Weise wirksam, wie wenn es nicht aufgehoben worden wäre.

2. §§ 44 des Reichsmilitärgesetzes vom 2. Mai 1874 (Reichsgesetzblatt S. 45).

§ 44. In Kriegszeiten oder während eines Belagerungszustandes können die im § 38 bezeichneten[1]) und die nach §§ 155 bis 158 des Militärstrafgesetzbuches vom 20. Juni 1872 den Militärgesetzen unterworfenen Personen[2]) letztwillige Verordnungen unter besonders erleichterten Formen gültig errichten (privilegierte militärische letztwillige Verfügungen). Die Vorrechte der Militärpersonen in Beziehung auf diese letztwilligen Verordnungen bestehen allein darin, daß sie nach Maßgabe der nachstehenden Bestimmungen den für ordentliche letztwillige Verfügungen vorgeschriebenen Förmlichkeiten nicht unterworfen sind. Es sind dabei folgende Bestimmungen zu beobachten:

1. Die Befugnis, in Kriegszeiten oder während eines Belagerungszustandes privilegierte militärische letztwillige Verfügungen zu errichten, beginnt für die oben bezeichneten Personen von der Zeit, wo sie entweder ihre Standquartiere oder, im Falle ihnen solche nicht angewiesen sind, ihre bisherigen Wohnorte im Dienste verlassen oder in denselben angegriffen oder belagert werden.

   Kriegsgefangene oder Geiseln haben diese Befugnis, so lange sie sich in der Gewalt des Feindes befinden.

2. Privilegierte militärische letztwillige Verfügungen sind in gültiger Form errichtet:
   a) wenn sie von dem Testator eigenhändig geschrieben und unterschrieben sind;
   b) wenn sie von dem Testator eigenhändig unterschrieben und von zwei Zeugen oder einem Auditeur[3]) oder Offizier mitunterzeichnet sind;
   c) wenn von einem Auditeur[3]) oder Offizier, unter Zuziehung zweier Zeugen oder noch eines Auditeurs[3]) oder Offiziers, über die mündliche Erklärung des Testators eine schriftliche Verhandlung aufgenommen und diese dem Testator vorgelesen, sowie von dem Auditeur[3]) oder Offizier und den Zeugen, bezw. von den Auditeuren[3]) oder Offizieren unterschrieben ist.

   Bei verwundeten oder kranken Militärpersonen können die unter b und c erwähnten Auditeure[3]) und Offiziere durch Militärärzte oder höhere Lazaretbeamte oder Militärgeistliche vertreten werden.

3. Die sub 2 erwähnten Zeugen sind Beweiszeugen; sie brauchen nicht die Eigenschaft von Instrumentszeugen zu haben, und es kann die Aussage eines derselben für vollständig beweisend angenommen werden.

---

[1]) § 38 des Reichsmilitärgesetzes lautet: „Zum aktiven Heere gehören:

A. Die Militärpersonen des Friedensstandes, und zwar
   1. die Offiziere, Ärzte und Militärbeamten des Friedensstandes vom Tage ihrer Anstellung bis zum Zeitpunkte ihrer Entlassung aus dem Dienste;
   2. die Kapitulanten vom Beginn bis zum Ablauf oder bis zur Aufhebung der abgeschlossenen Kapitulation;
   3. die Freiwilligen und die ausgehobenen Rekruten von dem Tage, mit welchem ihre Verpflegung durch die Militärverwaltung beginnt, Einjährig-Freiwillige von dem Zeitpunkte ihrer definitiven Einstellung in einen Truppenteil an, sämtlich bis zum Ablauf des Tages ihrer Entlassung aus dem aktiven Dienste.

B. 1. Die aus dem Beurlaubtenstande (V. Abschnitt) zum Dienst einberufenen Offiziere, Ärzte, Militärbeamten und Mannschaften von dem Tage, zu welchem sie einberufen sind, bis zum Ablauf des Tages der Wiederentlassung;
   2. alle in Kriegszeiten zum Heeresdienst aufgebotenen oder freiwillig eingetretenen Offiziere, Ärzte, Militärbeamten und Mannschaften, welche zu keiner der vorgenannten Kategorien gehören, von dem Tage, zu welchem sie einberufen sind, bezw. vom Zeitpunkte des freiwilligen Eintritts an, bis zum Ablauf des Tages der Entlassung.

C. Die Zivilbeamten der Militärverwaltung, vom Tage ihrer Anstellung bis zum Zeitpunkte ihrer Entlassung aus dem Dienste."

[2]) Es sind das: 1. alle Personen, die sich in irgendeinem Dienst- oder Vertragsverhältnis bei dem kriegführenden (deutschen) Heer befinden oder sonst sich bei diesem aufhalten oder ihm folgen (z. B. Kriegskorrespondenten, Marketender, freiwillige Krankenpflegerinnen); 2. die zum kriegführenden Heer zugelassenen ausländischen Offiziere, falls der Kaiser nicht besondere Bestimmungen getroffen hat, und ihr Gefolge; 3. die Kriegsgefangenen.

[3]) An Stelle der Auditeure traten seit dem 1. Oktober 1900 die Kriegsgerichts- und Oberkriegsgerichtsräte; s. die unter Ziff. 4 wiedergegebene Bestimmung.

4. Die nach Vorschrift sub 2 c aufgenommene Verhandlung hat in betreff ihres Inhalts und der in ihr angegebenen Zeit der Aufnahme die Beweiskraft einer öffentlichen Urkunde.

Ist in der eigenhändig geschriebenen und unterschriebenen oder in der eigenhändig unterschriebenen letztwilligen Verfügung (2 a, b) die Zeit der Errichtung angegeben, so streitet die Vermutung bis zum Beweise des Gegenteils für die Richtigkeit dieser Angabe.

Eine gleiche Vermutung streitet dafür, daß die letztwillige Verfügung während des die privilegierte Form zulassenden Ausnahmezustandes errichtet ist, wenn dieselbe während dieser Zeit oder innerhalb vierzehn Tagen nach deren Aufhören einer vorgesetzten Militärbehörde zur Aufbewahrung übergeben ist, oder wenn dieselbe in dem Feldnachlaß des Testators aufgefunden wird.

5. Privilegierte militärische letztwillige Verfügungen verlieren ihre Gültigkeit mit dem Ablauf eines Jahres von dem Tage ab, an welchem der Truppenteil, zu dem der Testator gehört, demobil gemacht ist, oder der Testator aufgehört hat, zu dem mobilen Truppenteil zu gehören, oder als Kriegsgefangener oder Geisel aus der Gewalt des Feindes entlassen ist.

Der Lauf dieser Frist wird jedoch suspendiert durch anhaltende Unfähigkeit des Testators zur Errichtung einer anderweiten letztwilligen Verordnung.

Wenn der Testator innerhalb des Jahres vermißt und in dem Verfahren auf Todeserklärung oder auf Abwesenheitserklärung festgestellt wird, daß er seit jener Zeit verschollen ist, so tritt die Ungültigkeit der letztwilligen Verfügung nicht ein.

3. Art. 44 des Einführungsgesetzes zum Bürgerlichen Gesetzbuch.

Art. 44. Die Vorschriften des § 44 des Reichs-Militärgesetzes vom 2. Mai 1874 (Reichs-Gesetzbl. S. 45) finden entsprechende Anwendung auf Personen, die zur Besatzung eines in Dienst gestellten Schiffes der Kaiserlichen Marine gehören, solange das Schiff sich außerhalb eines inländischen Hafens befindet oder die Personen als Kriegsgefangene oder Geiseln in der Gewalt des Feindes sind, ingleichen auf andere an Bord eines solchen Schiffes genommene Personen, solange das Schiff sich außerhalb eines inländischen Hafens befindet und die Personen an Bord sind. Die Frist, mit deren Ablaufe die letztwillige Verfügung ihre Gültigkeit verliert, beginnt mit dem Zeitpunkt, in welchem das Schiff in einen inländischen Hafen zurückkehrt oder der Verfügende aufhört, zu dem Schiffe zu gehören, oder als Kriegsgefangener oder Geisel aus der Gewalt des Feindes entlassen wird. Den Schiffen stehen die sonstigen Fahrzeuge der Kaiserlichen Marine gleich.

4. § 20 des Einführungsgesetzes vom 1. Dezember 1898 zur Militärstrafgerichtsordnung (Reichsgesetzblatt S. 1289).

§ 20. Soweit reichs- oder landesrechtlich den Auditeuren außerhalb des Bereichs der Militärstrafrechtspflege Handlungen der streitigen oder freiwilligen Gerichtsbarkeit, Verrichtungen der Staatsanwaltschaft oder andere juristische Geschäfte zugewiesen sind, treten an die Stelle der Auditeure die Kriegsgerichtsräte oder Oberkriegsgerichtsräte.

5. Aus dem Reichsgesetz vom 28. Mai 1901, betr. die freiwillige Gerichtsbarkeit und andere Rechtsangelegenheiten in Heer und Marine (Reichsgesetzblatt S. 185).

§ 1. Im Felde (Einführungsgesetz zur Militärstrafgerichtsordnung § 5[1]) sind beim Heere hinsichtlich der in § 1 Nr. 1, 6, 7, 8 der Militärstrafgerichtsordnung vom 1. Dezember 1898 bezeichneten Personen[2]) auch die Kriegsgerichtsräte und die Oberkriegsgerichtsräte zuständig:

---

[1]) Die Bestimmung lautet: „Die in der Militärstrafgerichtsordnung für das ‚Feld' gegebenen Vorschriften gelten:
1. für die Dauer des mobilen Zustandes des Heeres, der Marine oder einzelner Teile des Heeres oder der Marine;
2. für die Besatzung eines festen Platzes, solange derselbe vom Feinde bedroht ist. Der Eintritt, sowie die Beendigung dieses Zustandes ist vom Gouverneur oder Kommandanten dienstlich bekannt zu machen."

[2]) Es sind das: 1. die Militärpersonen des aktiven Heeres und der aktiven Marine; 2. die nicht zum Soldatenstand gehörigen Offiziere à la suite und Sanitäts-

1. Für die nach § 167 des Gesetzes über die Angelegenheiten der freiwilligen Gerichtsbarkeit vom 17. Mai 1898 den Amtsgerichten zustehenden Verrichtungen ...

§ 2. In den Fällen des § 1 Nr. 1 finden die Vorschriften' der §§ 168 bis 183 des Gesetzes über die Angelegenheiten der freiwilligen Gerichtsbarkeit und, sofern ein Testament oder ein Erbvertrag den Gegenstand der Beurkundung bildet, die Vorschriften des Bürgerlichen Gesetzbuchs über die Errichtung von Testamenten und Erbverträgen Anwendung; die Geschäfte eines Gerichtsschreibers versieht der Militärgerichtsschreiber. Die Vorschriften des § 173 Nr. 1 des Gesetzes über die Angelegenheiten der freiwilligen Gerichtsbarkeit und des § 2237 Nr. 1 des Bürgerlichen Gesetzbuchs bleiben außer Anwendung bei Zeugen, die dem aktiven Heere angehören. Die Vorschriften des § 44 des Reichsmilitärgesetzes bleiben unberührt.

II. Ueber Abschluß eines Erbvertrags.

§§ 2276, 2277 des Bürgerlichen Gesetzbuchs.

§ 2276. Ein Erbvertrag kann nur vor einem Richter oder vor einem Notar bei gleichzeitiger Anwesenheit beider Teile geschlossen werden. Die Vorschriften der §§ 2233 bis 2245 finden Anwendung; was nach diesen Vorschriften für den Erblasser gilt, gilt für jeden der Vertragschließenden.

Für einen Erbvertrag zwischen Ehegatten oder zwischen Verlobten, der mit einem Ehevertrag in derselben Urkunde verbunden wird, genügt die für den Ehevertrag vorgeschriebene Form.

§ 2277. Die über einen Erbvertrag aufgenommene Urkunde soll nach Maßgabe des § 2246 verschlossen, mit einer Aufschrift versehen und in besondere amtliche Verwahrung gebracht werden, sofern nicht die Parteien das Gegenteil verlangen. Das Gegenteil gilt im Zweifel als verlangt, wenn der Erbvertrag mit einem anderen Vertrag in derselben Urkunde verbunden wird.

Ueber einen in besondere amtliche Verwahrung genommenen Erbvertrag soll jedem der Vertragschließenden ein Hinterlegungsschein erteilt werden.

---

offiziere à la suite, wenn und solange sie zu vorübergehender Dienstleistung zugelassen sind; 3. die verabschiedeten Offiziere, Sanitätsoffiziere und Ingenieure des Soldatenstandes, wenn und solange sie als solche oder als Militärbeamte im aktiven Heer oder in der aktiven Marine vorübergehend wieder Verwendung finden; 4. die in N. 2 auf S. 69 bezeichneten Personen; 5. die Angestellten eines Fahrzeugs der Marine, auf dem ein militärischer Befehlshaber nebst Besatzung eingeschifft ist, ferner solange, als es sich im Kriegszustand befindet, auch alle andern an Bord des Fahrzeugs dienstlich eingeschifften Personen.

E. Inhaltsverzeichnis.

Die erste Zahl bedeutet die Seite, die Zahl nach dem Komma die Anmerkung auf der Seite, eine hochgestellte Ziffer den Absatz (vom Anfang der Seite oder Anmerkung aus gerechnet). *Kursivstellung* gibt an, daß die Stelle aus der Vollzugsbekanntmachung (Seite 3—11) entnommen ist.

Die Abkürzung „F." bedeutet immer: Feuerbestattung.

A.

B.

D.

E.

H.

J.

K.

P.

R.

S.

W.

Z.

FSC
www.fsc.org
MIX
Papier | Fördert
gute Waldnutzung
FSC® C083411

Kolibri 360 GmbH
Ferdinand-Jühlke-Straße 7
99095 Erfurt, Deutschland
produktsicherheit@kolibri360.de